FORMATION PERMANENTE EN

Collection fondée par Rog
et dirigée par Lionel |

Alain CAYROL et Patri

LA PROGRAMMATION NEURO-LINGUISTIQUE (P.N.L.)

Des techniques nouvelles pour favoriser l'évolution personnelle et professionnelle

CONNAISSANCE DU PROBLÈME

6ᵉ EDITION

DOMINIQUE CHALVIN
L'affirmation de soi (6ᵉ édition 1991).
Autodiagnostic des styles de management. A l'usage des cadres et des dirigeants (3ᵉ édition 1989).
Faire face aux stress de la vie quotidienne (3ᵉ édition 1989).
Les nouveaux outils de l'Analyse Transactionnelle pour développer l'énergie des individus et des organisations (2) (4ᵉ édition 1991).
Les outils de base de l'Analyse Transactionnelle pour développer l'énergie des individus et des organisations [1] (4ᵉ édition 1990).
Utiliser tout son cerveau. De nouvelles voies pour accroître son potentiel de réussite (4ᵉ édition 1991).

GÉRARD CHANDEZON ET JOEL SALOU
L'insécurité. Comprendre les risques de la vie quotidienne et y faire face (1ʳᵉ édition 1985).

JACQUES CHAUMIER
Travail et méthode du/de la documentation (3ᵉ édition 1988).

JEAN-DOMINIQUE CHIFFRE ET JACQUES TEBOUL
La motivation et ses nouveaux outils. Des clés pour dynamiser une équipe (2ᵉ édition 1990).

JACQUES CLARET
Organiser la pensée. Une formation méthodique au travail intellectuel (3ᵉ édition 1989).

MARIE JOSÉE COUCHAÈRE
Eduquer la mémoire (3ᵉ édition 1989).

PHILIPPE CRUELLAS ET RAPHAEL BENAYOUN
Le temps : mode d'emploi. Reconquérir son temps... et sa vie (3ᵉ édition 1990).

GÉRARD DEVAUX
Se préparer à l'oral des examens et des concours (1ʳᵉ édition 1989).

V. ERNOULT, J.-P. GRUÈRE, F. PEZEU
Optimiser les ressources humaines dans l'entreprise. Formation à la méthode du bilan comportemental (2ᵉ édition 1988).

MICHEL FUSTIER
Pratique de la créativité (5ᵉ édition 1988).
Pratique de la dialectique (2ᵉ édition 1986).
La résolution de problèmes, méthodologie de l'action (4ᵉ édition 1989).

PATRICK GILBERT
Gérer le changement dans l'entreprise. Comment conduire les projets novateurs et développer les ressources humaines (1ʳᵉ édition 1988).

PATRICK GILBERT ET CHRISTIAN CHARDON
Analyser l'écriture. Une démarche et un outil nouveaux en graphologie (2ᵉ édition 1989).

PATRICK GILBERT ET CLAUDE PIGANIOL-JACQUET
Informatiser la gestion. Application aux ressources humaines (1ʳᵉ édition 1991).

LAURENT GODBOUT
S'entraîner à raisonner juste. Pour mieux se comprendre et mieux s'entendre (1ʳᵉ édition 1989).

HUBERT JAOUI
La créativité, mode d'emploi (1ʳᵉ édition 1990).

ALAIN JOLIBERT ET MAUD TIXIER
La négociation commerciale. Etudes de cas. Préparation et stratégie (1ʳᵉ édition 1988).

PHILIPPE KAEPPELIN
L'écoute. Mieux écouter pour mieux communiquer (3ᵉ édition 1991).

JEAN-FRANÇOIS LABOREY
L'entretien annuel d'appréciation et de carrière (1ʳᵉ édition 1991).

ROGER LAUNAY
La négociation (3ᵉ édition 1990).

JEAN-PAUL LAVERGNE
La décision, psychologie et méthodologie (1ʳᵉ édition 1983).

PIERRE LEBEL
Améliorer la qualité de vie au travail par la participation (1ʳᵉ édition 1990).
Métrologie, mesure et maîtrise des communications (1ʳᵉ édition 1980).
Pratique du droit social. A l'usage des cadres et de la maîtrise dans les entreprises (1ʳᵉ édition 1986).

CLAUDE LE BŒUF ET ALEX MUCCHIELLI
Le projet d'entreprise. Comment le préparer, le réaliser et motiver votre personnel (1ʳᵉ édition 1987).

EDOUARD LIMBOS
L'animation des groupes de culture et de loisirs (4ᵉ édition 1988).
Les barrages personnels dans les rapports humains. Comment les comprendre et les surmonter (2ᵉ édition 1988).
La formation des animateurs de groupes de jeunes (3 édition 1989).
Le management des changements sociaux dans l'entreprise (1ʳᵉ édition 1991).
La participation. Conseils et méthodes pour développer la qualité et l'animation de la « vie associative » (1ʳᵉ édition 1986).
Les « problèmes humains » dans les groupes (2ᵉ édition 1984).

YVES-FREDERIC LIVIAN
Gérer le pouvoir dans les entreprises et les organisations. L'analyse des comportements « politiques » (1ʳᵉ édition 1987).

ALEX MUCCHIELLI
Rôles et communications dans les organisations (2ᵉ édition 1987).
Les mentalités. Compréhension et analyse (1ʳᵉ édition 1984).

DANIEL PEMARTIN
Réussir le changement. Mutations des entreprises et problèmes humains (1ʳᵉ édition 1987).

PHILIPPE PIGALLET
L'art de lire. Principes et méthodes (2ᵉ édition 1989).

CHRISTIE RAVENNE
Gérer les tournants de carrière (1ʳᵉ édition 1988).
Les nouvelles missions du management. Adaptation et flexibilité (1ʳᵉ édition 1988).
Rechercher et innover en groupe. Méthodes à l'usage des groupes d'amélioration de la qualité (2ᵉ édition 1991).

CHANTAL SELVA
La Programmation Neuro-Linguistique appliquée à la négociation (1ʳᵉ édition 1991).

LOUIS TIMBAL-DUCLAUX
La communication écrite, scientifique et technique. Qualité et lisibilité (1ʳᵉ édition 1990).
L'expression écrite. Ecrire pour communiquer (5ᵉ édition 1991).

ARLETTE YATCHINOVSKY ET PIERRE MICHARD
Le bilan personnel et professionnel. Instrument de management (1ʳᵉ édition 1991).

HORS COLLECTION

L'HOMME ET SES POTENTIALITÉS.
ÉTUDES EN HOMMAGE A ROGER MUCCHIELLI.
Textes réunis par Arlette Mucchielli et Alexandre Vexiliard, Paris, 1984.

TABLE DES MATIÈRES

INTRODUCTION : Qu'est-ce que la programmation Neuro-Linguistique ? ..   6

EXPOSÉ 1 : LES STRUCTURES DE LA PENSEE   7
    Ch. 1. Pensée et perception   8
    Ch. 2. La construction de la réalité   9
    Ch. 3. Les visuels, les auditifs, les kinesthésiques   11
    Ch. 4. Les indicateurs externes   12

EXPOSÉ 2 : P.N.L. ET COMMUNICATON EFFICACE   17
    Ch. 1. Une conception renouvelée de la communication ..   17
    Ch. 2. Les trois règles de la communication efficace   19
    Ch. 3. La pratique de la synchronisation   25
    Ch. 4. La conduite de la relation   28
    Ch. 5. La recherche de la précision   31
    Ch. 6. La technique de l'ancrage   37

EXPOSÉ 3 : L'UTILISATION DES RESSOURCES PERSONNELLES   44
    Ch. 1. S'appuyer sur ses ressources pour dépasser une limitation personnelle   45
    Ch. 2. Elargir son répertoire de comportements   50

EXPOSÉ 4 : TROIS APPLICATIONS DE LA P.N.L. AUX RELATIONS PROFESSIONNELLES   53
    Ch. 1. Vendre une idée, un produit, un service   53
    Ch. 2. Animer des réunions efficaces   59
    Ch. 3. Enrichir ses compétences de négociateur   62

CONCLUSION   72
BIBLIOGRAPHIE   74
LEXIQUE   77

INTRODUCTION

QU'EST-CE que la Programmation Neuro-Linguistique ?

La Programmation Neuro-Linguistique (P.N.L.) est une approche de la communication et du changement, développée au cours de la fin des années 1970 à partir des travaux des Américains Richard Bandler (Docteur en mathématiques et en psychologie, cybernéticien) et John Grinder (Docteur en psychologie et linguiste). Les deux hommes et leurs associés ont mis leurs connaissances en commun pour analyser les interventions des professionnels de la communication les plus performants et dégager certaines des structures sous-jacentes communes aux interventions de ces personnes. L'originalité de l'approche est qu'elle est d'abord pragmatique : « Nous ne nous intéressons pas à ce que les gens disent mais à ce qu'ils font vraiment. Puis nous construisons des modèles de ce que nous avons observé ».

Ces modèles ont été construits, en empruntant aux sciences les plus actuelles concernant la communication humaine, le langage et le fonctionnement du cerveau.

De la démarche P.N.L. est né un ensemble de techniques et de procédures de travail qui sont rapidement utilisables et s'avèrent d'une grande efficacité sur le terrain. Ces nouvelles techniques permettent à celui qui les maîtrise de développer de façon significative son habileté relationnelle et de savoir initier des processus générateurs de changements profonds et durables.

De façon plus spécifique, la P.N.L. apporte :

— un modèle de la façon dont le cerveau fonctionne : comment une personne pense-t-elle et ressent-elle, apprend-elle, se motive-t-elle et change-t-elle ?

— un modèle des structures qui fondent la subjectivité : comment un être humain construit-il son expérience de la réalité ?

— un ensemble d'éléments et de grilles qui permettent d'observer, d'identifier ces structures et d'intervenir.

— une technologie et une méthodologie : des techniques précises qui favorisent la communication efficace et le changement ainsi qu'une façon générale de s'organiser pour définir des objectifs précis et les atteindre.

Avec les mutations des années 1980 apparaissent de nouveaux défis qui sollicitent la créativité de chacun et nécessitent une attention importante, portée à la qualité et même à l'excellence, tant en matière de produits que de relations humaines.

Pour répondre à ces défis, de nombreux professionnels de la communication : formateurs, psychothérapeutes, enseignants, managers et autres... sont aujourd'hui demandeurs davantage d'outils pratiques que de grands systèmes théoriques.

Ce livre qui réunit un ensemble de savoir-faire concrets leur est destiné.

Premier Exposé

LES STRUCTURES DE LA PENSÉE

Notre expérience de la réalité et les comportements qui en découlent sont rendus possibles parce que nous possédons un cerveau et un système nerveux. C'est grâce à cet « équipement » extraordinaire que nous sommes capables de construire notre vision du monde et de nous orienter dans celui-ci, de penser, d'apprendre, de ressentir et d'évoluer.

L'objet de la Programmation Neuro-Linguistique (P.N.L.) est de :

— s'intéresser de près aux processus internes (neurologiques) qu'utilise une personne dans les différentes situations de sa vie ;

— montrer comment cette activité interne (nos processus mentaux) et l'activité externe qui en découle (nos comportements) sont liées comme les deux faces d'une même médaille ;

— offrir des indicateurs externes, comportementaux et linguistiques, qui permettent de comprendre avec précision comment cela s'organise « dans la tête » d'une personne.

— développer et enseigner à partir de la connaissance de ces éléments objectifs :

• des moyens qui permettent de communiquer sur mesure avec ses interlocuteurs en s'adaptant au style de ceux-ci ;

• des moyens d'obtenir d'eux les informations, verbales et non verbales, nécessaires à la mise en œuvre d'une intervention ;

• des techniques de changement qui permettent pour soi et ses clients d'évoluer et d'enrichir la vision de la réalité.

1 Pensée et perception

LES PERCEPTIONS

Nos cinq sens nous permettent de prendre contact avec le monde extérieur et de capter les informations en provenance de celui-ci. Ces informations sont alors traitées par notre cerveau.

En ce moment, par exemple, vous pouvez voir les phrases imprimées sur ce livre, voir la couleur du papier, ou, si vous levez les yeux de votre lecture, regarder les formes et les couleurs de ce qui vous entoure. Tout en faisant cela, vous pouvez également entendre les voix ou les bruits qui vous parviennent. Vous pouvez diriger votre attention sur le contact de votre corps sur votre chaise, ou sur la sensation de chaleur dans vos mains. Si vous venez de boire une tasse de café ou de manger quelque chose, vous en avez peut-être encore la saveur dans la bouche. S'il y a certaines odeurs dans la pièce, vous pouvez aussi diriger votre attention sur celles-ci et en prendre conscience.

En vous livrant à cette expérience, vous venez d'utiliser vos cinq sens : la vue, l'ouïe, le sens kinesthésique (sensation et émotion) ainsi que vos sens gustatifs et olfactifs.

La P.N.L. utilise le code suivant pour traduire le processus de la perception :

V : Visuel

K : Kinesthésique (toucher, sensations, émotions)

A : Auditif

O : Sens olfactif et goût (nous avons regroupé ces deux systèmes par commodité).

Pour reprendre l'expression d'Aldous Huxley, ces cinq sens sont, pour nous, « *les portes de la perception* ». Ce sont elles que nous ouvrons pour prendre contact avec le monde.

LES REPRESENTATIONS

Nous utilisons ces différents systèmes — V.A.K.O. — pour percevoir le monde externe. Nous les utilisons aussi pour construire notre expérience interne de la réalité : ce que l'on fait lorsque l'on pense, imagine, ressent etc. En effet, cette activité interne s'organise à partir de la même structure. Nous pouvons susciter en nous des images mentales (système visuel). Nous pouvons penser sous forme de mots ou entendre, par exemple, de la musique dans notre tête (système auditif).

Nous éprouvons des sensations internes, par exemple le petit creux à l'estomac lorsque nous avons faim, ou des émotions, par exemple la colère et les tensions musculaires qui l'accompagnent (système kinesthésique). Nous pouvons également, en imagination, retrouver une odeur ou une saveur agréable (systèmes olfactif et gustatif). Sauriez-vous, par exemple, maintenant, retrouver le parfum de jasmin ou la saveur d'une cuillerée de miel sur votre langue ?

QUADRUPLÉS ET EXPÉRIENCES MIXTES

Ce système de notation contenant quatre symboles différents, la P.N.L. l'appelle :

« Quadruplé » $<$V.A.K.O.$>$.

Cette formule est un outil pratique qui permet de traduire aisément le traitement des données, des informations de la réalité, tant interne qu'externe, opéré :

— *dans les champs perceptifs* en activité à un moment donné,

— *dans les processus mentaux* d'accès aux représentations spécifiques.

Ainsi, lorsque l'attention d'une personne est entièrement tournée vers ses perceptions externes et qu'elle est consciente d'informations dans chacun de ces systèmes, nous noterions :

$<$V.A.K.O.$>$ e, « e » mis pour externe.

Dans ce cas, nous parlons de *systèmes de perception.*

Si, au contraire, l'attention de cette même personne était entièrement tournée vers l'intérieur, qu'elle soit plongée dans ses pensées et ses sentiments, nous noterions :

$<$V.A.K.O.$>$ i, « i » mis pour interne.

Dans ce cas, nous parlons de *systèmes de représentations.*

La plupart du temps, notre expérience de la réalité est, en fait, *mixte.* Une partie de notre attention est consacrée à ce qui se passe autour de nous, et l'autre partie est occupée par nos processus internes de pensée et de sentiment.

Par exemple, lorsque vous lisez cette phrase (V.e), si vous la commentez à vous-même intérieurement sous forme de mots (A.i) et que, comme cela vous semble intéressant, vous vous sentiez bien (K.i), votre expérience à cet instant pourra se noter :

V.e → A.i → K.i/+, « + » pour positif agréable.

2 La construction de la réalité

OBJECTIVITE/SUBJECTIVITE

Nos processus de perception sont largement subjectifs. De nombreuses expériences faites en psychologie l'indiquent. Les processus de perception censés nous permettre de prendre contact de façon objective avec le monde extérieur induisent aussi une large part de subjectivité dans notre appréhension interne du monde, ne serait-ce que dans la sélection des informations que nous effectuons, consciemment et/ou inconsciemment. Ne dit-on pas couramment « que l'on ne voit, que l'on n'entend que ce que l'on veut bien voir/entendre » ?

Nous ne sommes pas en contact avec un monde qui serait extérieur à nous et perceptible de façon fidèle ou objective, mais, en fait, avec une reconstruction interne de celui-ci, partielle et subjective. Bien que le monde existe, de sa réalité nous ne pouvons pas dire grand chose. Tout ce que nous percevons et pensons, tout ce qui nous apparaît vrai ou important est nécessairement médiatisé par les caractéristiques propres à notre cerveau, aux cinq sens dont nous disposons, à la culture dans laquelle nous sommes immergés, ainsi qu'à notre propre histoire : ce que nous ont légué nos parents, les conclusions que nous en avons tirées sur la vie, et les mille et une expériences qui nous ont façonnés.

C'est dans cette optique que la P.N.L. aborde l'être humain : comme détenteur d'une vision du monde déterminée, d'un modèle qui sous-tend son comportement. Ce monde, tel qu'il est subjectivement vécu, n'a que peu à voir — pour ne pas dire rien — avec *la Réalité* avec un grand R. Il est hautement idiosyncrétique et résulte d'un ensemble d'apprentissage et de croyances qui peuvent être remis en question et changés. C'est d'ailleurs l'un des buts de cette approche : *apprendre à cerner les limites et les déformations propres au modèle d'une personne, et lui apprendre à enrichir celui-ci.* Les stratégies d'intervention proposées par la P.N.L. permettent d'y parvenir rapidement et en douceur. Et, nouveauté, c'est en prenant *appui* sur les ressources que possède déjà la personne qu'elle y parvient, et non pas en creusant les problèmes que celle-ci rencontre dans sa vie.

Notre vision du monde inclut donc la totalité des apprentissages que nous avons effectués depuis notre naissance et de nos croyances sur nous-mêmes, les autres et le monde. Elle inclut aussi ce que nous percevons maintenant et ce que nous pouvons imaginer du futur.

En termes de systèmes sensoriels, elle se compose de toutes les représentations V, K et O concernant le passé, des représentations et des perceptions, V, A, K et O du présent, des représentations et des perceptions du futur.

LES LIMITES DE LA CONSCIENCE

La plus grande partie de cette masse d'informations est stockée hors de notre champ de conscience. Ce dont nous sommes conscients maintenant n'est que le sommet d'une pyramide dont la plus large partie nous échappe. Heureusement, car nous serions d'instant en instant submergés par une masse d'informations non pertinentes. Parfois pourtant, ce phénomène peut être source de difficultés. C'est par exemple le cas lorsqu'une personne se sent mal (portion kinesthésique de son expérience), sans pour autant être consciente de ce qui suscite son malaise (généralement des souvenirs de situations pénibles proches ou lointaines, codées visuellement et/ou auditivement).

Ces souvenirs perturbants sont hors du champ de conscience de la personne et génèrent à son insu le malaise dont elle se plaint.

Nous noterions cet exemple comme suit : (V/A) → K -, dans lequel les parenthèses ( ) indiquent ce qui est hors de la conscience.

A l'exception des cas de changement spontané, la mise à jour (prendre conscience) et la réorganisation du contenu de ces expériences sont généralement considérées comme du domaine de la psychothérapie ou de la psychanalyse.

COMPORTEMENT ET MODELE DU MONDE SONT LIES

Le comportement humain découle de la vision — l'ensemble des représentations — qui le sous-tend. C'est vrai de tout comportement, aussi bizarre qu'il paraisse : tout comportement a un sens dès qu'il est replacé dans le contexte du modèle qui le génère. *Changez les idées qui le sous-tendent et vous changez le comportement.*

C'est le choix stratégique de la P.N.L. lorsqu'elle est utilisée dans le domaine du changement : la démarche consiste alors à mettre à jour, grâce à des indicateurs observables précis, les portions limitantes du modèle du monde d'une personne et à l'enrichir.

L'un des moyens concrets qui permettent de faire cela consiste à repérer les séquences sensorielles spécifiques que traverse une personne lorsqu'elle expérimente son problème, et à réorganiser celles-ci.

3 Les visuels, les auditifs et les kinesthésiques

LE CONSTAT DES DOMINANTES

Pour avoir observé de près l'usage que nous faisons des principaux systèmes sensoriels V, A et K, les chercheurs de la P.N.L. se sont aperçus de différences d'une personne à l'autre. Ces trois portes de la perception sont diversement ouvertes chez chacun de nous : il existe des personnes à *dominante visuelle,* d'autres à *dominante auditive* et d'autres qui sont plutôt *kinesthésiques.*

Le système dominant d'une personne est celui qu'elle utilise le plus souvent et dans lequel elle est capable de la plus grande finesse de distinction.

Le visuel sera davantage sensible à la portion visuelle de son environnement, l'auditif à ce qu'il entend. Le kinesthésique, lui, tiendra grand compte de ce qu'il ressent.

LES CONSEQUENCES POUR APPRENDRE ET COMMUNIQUER

Les conséquences de cette découverte sont grandes. Elles concernent la pédagogie et l'apprentissage ainsi que la communication.

— *Pédagogie et apprentissage* : les uns et les autres n'apprennent pas de la même façon. Ils captent différemment les informations. Ils ne les stockent pas dans leur cerveau et n'y réaccèdent pas non plus de la même manière.

— *Communication* : chacun a son canal de communication favori. Que l'on communique dans un autre canal et l'on diminuera les chances de se faire comprendre. Si les représentations qu'une personne utilise pour construire son expérience de la réalité sont, par exemple, surtout visuelles, elle aura du mal à répondre à une question qui présuppose une représentation kinesthésique. Cela n'indique pas qu'elle soit résistante. C'est simplement une indication de ce que sont les limites sensorielles de son modèle du monde. Si le sien est principalement visuel, son manque de représentations auditives et kinesthésiques pourra être à l'origine de difficultés avec son conjoint ou son équipe de travail. C'est d'ailleurs ce qui se passe généralement.

Le visuel, quand il est face à un auditif, peut avoir l'impression que celui-ci n'est pas en contact avec lui parce qu'il ne le regarde pas. L'auditif lui, reprochera au kinesthésique de ne pas l'écouter. Quant à ce dernier, lui-même se plaint de l'insensibilité des auditifs et des visuels, etc.

Pour celui qui n'est pas au fait de ces *différences sensorielles,* il n'est que trop tentant de conclure qu'un interlocuteur est négatif ou résistant. Bien sûr, à moins d'un handicap physique, chacun de nous utilise ces trois systèmes, mais il en est de leur usage ce qu'il est du tiercé : il existe un ordre d'arrivée.

4 Les indicateurs externes

LA SIGNIFICATION DES PREDICATS

Une façon de détecter la dominante sensorielle d'une personne est de l'écouter parler, en étant particulièrement attentif aux mots à base sensorielle. Lorsqu'il nous décrit son expérience, notre interlocuteur sélectionne, généralement à un niveau inconscient, les mots qui représentent le mieux celle-ci. *Le langage reflète la pensée.* Les mots que choisissent ceux qui nous parlent sont le reflet des processus internes qu'ils utilisent pour construire leur expérience présente.

En écoutant les prédicats (les verbes, les adjectifs et les adverbes), nous pouvons savoir quel système utilise une personne à un moment donné. « Je sens qu'on va se retrouver avec un problème lourd sur les épaules. Ce sera le moment pour nous de garder les pieds sur terre et de s'accrocher solidement ».

« J'ai besoin de discuter de cette affaire avec vous. Bien qu'il y ait un risque, ce qu'il propose me parle bien. J'aimerais votre écho personnel là-dessus ». « Si vous regardez de plus près notre proposition, vous verrez clairement que nous avons tenté de concilier votre point de vue et le nôtre. Je ne vois pas ce qui vous inquiète dans cette proposition ».

Les prédicats sont des mots qui reposent sur une *base sensorielle.* Celui qui vous dit qu'il voit clairement de quoi il s'agit vous indique qu'à ce moment même il construit son expérience interne de façon visuelle. Celui qui vous dit qu'il n'a pas le contact avec vous, vous indique qu'il est en train d'évaluer l'expérience qu'il a de votre relation de façon kinesthésique.

Aussi étonnant que cela paraisse, *nos interlocuteurs nous disent d'instant en instant ce qu'ils sont en train de faire intérieurement.* Qui plus est, comme nous le verrons dans les pages qui suivent, ils nous le montrent aussi non verbalement.

Voici des exemples de mots à base sensorielle :

VISUEL	AUDITIF	KINESTHESIQUE
Voir, regarder	Entendre, parler	Sentir, toucher
montrer, perspective	dire, écouter	en contact avec
image,	questionner, dialoguer	connecté, relaxé
clair, clarifier	accord, désaccord	concret, pression
lumineux, sombre	sonner, bruit	sensible, insensible
brillant, coloré	rythme, mélodieux	sensitif, tendre
visualiser, éclairer	musical	solide, ferme, coincé
vague, flou, net	harmonieux	mou, blessé, lié
brumeux, une scène	tonalité, discordant	chaleureux, froid
horizon, flash	symphonie, cacophonie	tension, dur, excité
photographique	crier, hurler	chargé, déchargé

Certains prédicats ne sont pas précis d'un point de vue sensoriel, et c'est pourquoi une phrase ne vous donnera parfois pas d'indication dans ce domaine. C'est le cas de mots comme : comprendre, penser, se souvenir, savoir, croire, etc.

Dans ce cas, une question de précision aussi simple que « Comment sais-tu cela ? » ou « Comment fais-tu, précisément pour apprendre ça/te souvenir etc. ? » permet d'avoir l'information.

Votre interlocuteur vous informera du processus interne qu'il utilise. Il est probable que vous obtiendrez une réponse du type : « eh bien, je vois que... » ou « je me dis que... » ou encore « je sens que... »

Parfois, au contraire, vous repérerez plusieurs systèmes utilisés dans la même phrase.

— « Je vois bien ce que vous dîtes ».

— « Ce que tu as éprouvé là me parle ».

Même dans ce cas, le système dominant reste facilement repérable. La première personne est vraisemblablement visuelle. Sa stratégie consiste à traduire ce que vous dites (A) en image (V). Soit Ae → Vi. *C'est ainsi que vos propos peuvent prendre un sens pour elle.*

La seconde est à dominante auditive. Elle traduit le vécu kinesthésique de son partenaire en termes auditifs. C'est en utilisant ce registre qu'elle donne un sens à vos propos.

Pour illustrer une combinaison différente, en pareilles circonstances, un kinesthésique aurait pu dire : « Je sens bien ce que tu me dis ». C'est la *fréquence d'emploi* de ces termes qui permet de déterminer la dominante sensorielle.

Leur écoute par phrase permet, elle, de savoir comment l'individu construit d'instant en instant son expérience de la réalité. En situation de prise de décision par exemple, *pour le visuel, voir, c'est croire ; à l'auditif, il faut que ça parle ; le kinesthésique, lui, aura besoin de le sentir.*

Ces informations ont des retombées importantes en matière de communication (voir Exposé 2) et peuvent s'avérer décisives en situation professionnelle.

LES INDICATIONS FOURNIES PAR LES MOUVEMENTS DES YEUX

Les mouvements de nos yeux sont en corrélation avec nos façons de penser. Ils sont des indicateurs, non pas du contenu de nos pensées, mais du *« comment nous pensons ».*

Les mouvements de nos yeux dépendent des processus neurologiques actifs lors de la construction de nos représentations. Il s'agit bien de « mouvements » observables vers le haut, au centre, ou dirigés vers le bas et non des interprétations que chacun peut développer à leurs propos : « Il a le regard vide », ou bien, « Elle a l'œil triste », ou « gai », ou « sombre », ou « clair » etc.

Ces mouvements sont souvent rapides (moins d'une seconde) et se succèdent. Ainsi, en prêtant attention aux relations qui existent entre le langage sensoriel d'une personne et ses mouvements oculaires, vous pourrez remarquer que :

— lorsque cette personne s'exprime en termes visuels, elle aura tendance à *diriger ses yeux vers le haut ;*

— lorsque cette personne se parle, écoute de la musique ou entend des sons dans sa tête, ses *yeux resteront horizontaux.* Quand elle est dans un dialogue interne, ses yeux descendent *en bas à droite ;*

— lorsqu'elle éprouve une émotion ou une sensation, ses yeux seront *dirigés vers le bas, à gauche* (tout cela, du point de vue de l'observateur).

Ce qu'il faut aussi savoir, c'est que les mouvements des yeux *précèdent* l'expression verbale de la pensée. Ainsi, une personne dirigera, plus ou moins rapidement, ses yeux vers le haut avant de déclarer « Je vois bien ce que vous voulez dire ». Ou bien encore, les dirigera vers le bas avant de constater qu'elle « se sent à l'aise avec votre projet ». Là aussi, ce sera la fréquence de répétition des mouvements qui pourra servir d'indicateur du système privilégié de représentation, utilisé par une personne.

Ainsi, par exemple, si, à l'occasion d'une série de questions que vous posez à l'un de vos interlocuteurs, vous prêtez attention à ses mouvements oculaires, au moment où il prépare les réponses qu'il va vous faire, vous pourrez remarquer qu'il a tendance soit à les lever, soit à les baisser. Vous pourrez en déduire à quel système de représentation il fait appel pour vous répondre. Il vous suffira alors de vérifier votre hypothèse en la mettant en relation avec les prédicats employés lors de la réponse verbale.

Le mouvement des yeux est donc un autre moyen d'accès aux processus internes de représentation de votre interlocuteur.

Souvent, mouvements des yeux et prédicats sont à l'unisson. *Celui qui ressent utilise du vocabulaire kinesthésique pendant que ses yeux descendent en bas à gauche. Celui qui utilise des termes auditifs garde les yeux horizontaux et celui qui en emploie des visuels déplace les yeux vers le haut.* Combien de fois, d'ailleurs, en réponse à une demande d'informations, avez-vous observé votre interlocuteur vous répondre : « Voyons un peu », pendant qu'il déplaçait les yeux et la tête vers le haut, comme pour lire la réponse au plafond. L'information est parfois si redondante qu'il n'est pas rare d'entendre en pareille situation des « Voyons voir » !

A d'autres moment, prédicats et mouvements des yeux diffèrent : « Je me sens bien dans cette situation » (prédicat K), accompagné d'un mouvement des yeux en haut à droite (V).

Lorsque prédicats et mouvements des yeux diffèrent, les prédicats indiquent le système avec lequel la personne donne un sens à la situation qu'elle vit. C'est le système de représentation proprement dit. Les mouvements des yeux indiquent le système conducteur que cette personne emprunte pour parvenir à cette représentation. Dans l'exemple précédent, la personne a vu intérieurement quelque chose (Vi). C'est la vision de cette image qui lui a permis de déboucher sur le sentiment, d'où son nom de *système conducteur.*

Nous pouvons conclure que la meilleure connaissance du fonctionnement de notre cerveau ouvre des horizons passionnants, riches de retombées pratiques.

INDICATIONS FOURNIES PAR LES MOUVEMENTS DES YEUX *
Les mouvements oculaires
(du point de vue de l'observateur)

Yeux en haut à gauche :
voit quelque chose qui n'a pas été vu avant.
Image construite

Yeux en haut à droite :
se souvient de quelque chose de déjà vu.
Mémoire visuelle

Yeux au milieu, dans le vague .
regarde dans le vide avec légère dilatation de la pupille.
Image mémorisée ou construite

Yeux au milieu, à droite ou à gauche :
entend des sons extérieurs ou internes (mémorisés ou imaginés).
Auditif

Yeux en bas à gauche :
sensations, émotions.
Kinesthésique

Yeux en bas à droite :
dialogue interne.
Auditif

✴ Extrait de **Derrière la magie,** la Programmation Neuro-Linguistique, CAYROL Alain et de SAINT-PAUL Josiane, InterEditions, Paris 1984.

Ainsi, en se fondant sur des observations précises, la P.N.L. fournit un ensemble de notions et de méthodes qui permettent de mieux percevoir *comment* chacun s'organise « dans sa tête » pour construire son expérience de la réalité. Et ces indicateurs objectifs (prédicats et mouvements des yeux) sont les premiers éléments qu'il est nécessaire de maîtriser pour utiliser ces méthodes, quel qu'en soit le domaine d'application :

— l'amélioration de la communication dans les relations professionnelles (management, négociation, vente...),

— l'action pédagogique,

— les interventions ayant pour but le changement.

P.N.L. ET COMMUNICATION EFFICACE

1 Une conception renouvelée de la communication

Nous communiquons tout le temps, bien que parfois sans le savoir, tout comme monsieur Jourdain faisait de la prose.

ON NE PEUT PAS NE PAS COMMUNIQUER

Qu'on parle ou qu'on se taise, tout comportement a valeur de message. Et comme l'enseigne le premier axiome de base de la pragmatique de la communication, *on ne peut pas ne pas communiquer.* Nous communiquons verbalement et non-verbalement, et ce que nous émettons à ces deux niveaux exerce une influence sur nos interlocuteurs.

La question est de savoir quel type d'influence nous voulons exercer, et si eux et nous sommes satisfaits de ce qu'il en résulte. Classiquement, lorsqu'on analyse les processus communicationnels entre deux interlocuteurs — appelons les A et B — on distingue :

— l'intention de A : ce qu'il voulait émettre ;

— ce qu'il a réellement émis : son comportement linguistique et non-verbal observable ;

— ce que B a reçu : ce qu'il a perçu et compris du message de A.

En matière de communication efficace, la responsabilité, face à la nécessité de se faire comprendre, peut être envisagée sous différents angles. Une certaine passivité prévaut encore parfois dans ce domaine où l'on considère volontiers que si l'autre n'a pas compris, c'est qu'il est résistant ou étroit d'esprit — ou bien qu'il ne « veut pas » comprendre.

La position de la P.N.L. sur ce point est tranchée.

Ce n'est pas l'intention qui compte, aussi bonne soit-elle, mais le résultat obtenu. C'est la réaction de votre interlocuteur qui vous renseigne sur ce que vous avez réellement fait passer.

LE FEED-BACK : TEST DE LA REALITE

Cette affirmation est la règle d'or de la P.N.L. en matière de communication et le choix conseillé est de se baser sur le *feed-back* présent que nous offre l'autre. C'est *le test de la réalité.* Si, dans une salle où un orateur (ou un professeur) s'exprime, la moitié de l'auditoire s'endort au bout d'une demi-heure et que l'autre moitié s'ennuie, le véritable message qu'a communiqué l'orateur c'est : *« Ennuyez-vous et dormez ».* Qu'il en soit conscient ou non ou proteste du contraire ne change rien au fait. Celui qui captive son auditoire sait lui communiquer : *« Ce que j'ai à vous dire est passionnant ».*

L'homme qui se met ses collègues à dos et se dispute régulièrement avec eux, leur dit, en fait, en pointillé : « Disputons-nous », indépendamment du sujet de la conversation. Qu'il le veuille vraiment cela est une autre affaire. C'est en tout cas ce qu'il obtient. Le vendeur qui conclut une vente à la satisfaction des deux parties a su communiquer directement et indirectement : « Ce produit vous convient bien et vous serez satisfait ».

Dans notre cadre, lorsque l'objectif à atteindre est clair et réaliste, c'est au communicateur qu'incombe à 100 % la charge de se faire comprendre pour parvenir à ses fins.

Si une telle position semble lourde à tenir, elle est aussi stimulante. En court-circuitant les attitudes éventuelles de passivité (« C'est pas moi, c'est l'autre »), elle permet de *se réapproprier une marge de manœuvre et de puissance personnelle importante.*

Nous obtenons des autres ce que nous avons accroché chez eux. En énonçant cette règle, nous ne savons pas pour autant si elle est « vraie ». Nous savons par contre qu'adoptée comme *principe opérationnel,* elle est utile. Cette assertion revient en fait à dire : « Mon interlocuteur étant comme il est, en m'adressant à lui comme je le fais maintenant, voici ce que je suscite comme réaction de sa part. Est-ce que cette réaction correspond à mon objectif ? Si non, c'est à moi d'en tenir compte et d'ajuster mon style de communication en me basant sur ce que je vois et entends maintenant ».

Chaque individu étant différent, il est donc utile de posséder un répertoire comportemental assez large pour s'adapter avec flexibilité à nos différents partenaires relationnels.

LES TROIS SAVOIR-FAIRE DE LA COMMUNICATION SELON LA P.N.L.

Une fois cette règle comprise et pour pouvoir la mettre réellement en pratique, communiquer avec efficacité nécessite trois savoir-faire.

— *Une capacité à déterminer clairement ses objectifs.*

Le professionnel de la communication a un but clair qui sous-tend sa stratégie de communication : la façon dont il va entrer en relation avec son interlocuteur dépend de ce qu'il attend de leur entretien. Il pratique donc la communication par objectif.

— Un sens de l'observation.
Le communicateur efficace dispose d'une capacité sensorielle suffisamment fine pour percevoir les réactions de ses interlocuteurs dès les premiers signes avant-coureurs de celles-ci. En se fiant à ce qu'il voit et entend maintenant, il est conscient de l'impact réel qu'il exerce sur ses partenaires et il en tient compte pour communiquer avec eux sur mesure.

— Une flexibilité suffisante pour s'adapter aux diverses situations rencontrées.
Le but indique la direction à suivre. L'observation sensorielle fournit, d'instant en instant, un feed-back qui permet de savoir si l'on est sur la bonne piste. Reste à être capable de mettre en œuvre un répertoire de comportements suffisamment large pour s'adapter à diverses situations et à divers interlocuteurs. Le défi : *comment faire de la communication sur mesure ?*

Ce domaine, le bon communicateur le maîtrise. Il sait faire preuve de souplesse pour s'adapter à ses partenaires.

2 Les trois règles de la communication efficace

SAVOIR CE QUE L'ON VEUT : LES OBJECTIFS PERSONNELS

Tout à l'heure, demain, dans quelques jours, vous devez :
— parler dans une réunion, négocier un projet,
— rencontrer une personne importante pour vous,
— téléphoner à quelqu'un,
— réunir vos collaborateurs,
— transmettre un message,
— vous informer auprès d'autres responsables...

Avez-vous actuellement, de cette action future, une *représentation mentale détaillée et réaliste* de ce qu'il pourrait vous arriver de plus satisfaisant ?

Avez-vous pris le temps de vous faire une idée de la manière dont vous allez agir et gérer la situation ?

Avez-vous défini votre *objectif personnel ?*

Agir sans objectif personnel serait comme partir en voyage sans avoir déterminé votre destination, le moyen de transport que vous utiliserez et le parcours à suivre. Et, comme l'affirmait déjà Sénèque, « il n'est point de vents favorables à celui qui ne sait pas où il va ».

Pour vous permettre de déterminer des objectifs personnels, nous vous conseillons de prendre en compte les cinq critères suivants.

---

1) Visez un résultat spécifique, concret et observable.
2) Formulez votre objectif en termes positifs.
3) Concevez-en une représentation sensorielle.
4) Conciliez vos objectifs avec ceux de vos interlocuteurs.
5) Equilibrez vos objectifs personnels à court, moyen et long terme.

— Visez un résultat spécifique, concret et observable

« Je veux mieux gérer mon temps ».

« Je veux établir de meilleures relations dans mon service »...

Ce sont là des objectifs imprécis : comment saurez-vous qu'ils sont atteints ?

« Je veux partir tous les soirs à 18 h 30 ».

Cet objectif est précis parce qu'il vous donne de façon évidente le moyen d'évaluer concrètement votre situation. L'organisation de vos pensées et de vos actes sera influencée directement par cet objectif personnel.

Avoir un objectif vous permet d'extraire de la totalité des apprentissages stockés dans votre mémoire ceux qui sont pertinents avec votre but, ainsi que d'ajuster vos perceptions présentes en les centrant sur ce qui vous rapproche de cet objectif. C'est une façon d'être aux commandes de vos processus mentaux.

— Formulez votre objectif en termes positifs

Nous n'atteignons jamais que ce que nous sommes capables de concevoir. Ne plus vouloir être timide est une chose, se voir faisant preuve d'affirmation de soi en est une autre. Il n'y a que dans le second cas que la personne possède une représentation interne de ce qu'elle veut. Le premier cas n'offre pas de direction d'actions.

Or, au niveau de notre expérience sensorielle interne, notre esprit ne peut pas se représenter la négation. Celle-ci n'existe que dans le langage.

Essayez maintenant, par exemple, de ne pas penser à une voiture qui rentre dans un arbre, ou encore, ne pensez pas à la couleur jaune. Vous avez sans doute, bien sûr, dans un premier temps, vu ces deux choses — c'est automatique — puis après, vous avez trouvé un moyen de figurer leurs négations. Pour cette raison les tentatives de rassurer un enfant en lui disant quelque chose comme « Ne t'inquiète pas, le chien n'est pas méchant » sont rarement couronnées de succès. Dîtes-lui plutôt : « Le chien est gentil, tu peux le caresser si tu veux ». Il va réagir alors en s'amusant comme vous le souhaitiez. Pourquoi ? *Notre esprit ne peut pas neurologiquement se représenter la négation.* Ainsi la pensée de l'enfant dans cet exemple va-t-elle suivre le processus suivant.

A — Il se représente le chien méchant et en réaction se sent inquiet.

B — Il efface tout cela en disant qu'il ne doit pas tenir compte de ce à quoi il pense. Ce faisant, il y pense.

Enfant ou adulte, le processus est le même. Donc, se fixer des objectifs en termes négatifs (« Je ne veux plus arriver trop tard chez moi ») limite la pensée à la représentation du retard. « Je veux arriver tous les jours au plus tard à 19 h » amène une représentation précise et positive de ce que l'on veut. Vous savez où vous allez.

— Concevez votre objectif selon une représentation sensorielle : voir, entendre, ressentir

Définir un objectif c'est penser le futur, imaginer. Et l'imagination comme la mémoire s'organisent sur la base de l'expérience sensorielle. Maintenant que vous savez où vous allez et ce que vous souhaitez de façon réaliste, précise et positive, il s'agit de vous représenter votre cible. Imaginez-vous dans la situation à venir... Imaginez ce que vous faites pour que tout se passe bien pour vous. Vivez ce qui se passe alors... Observez les gens, le lieu où vous êtes.

— Que verrez-vous alors ?

— Qu'entendrez-vous ?

— Que ressentirez-vous ?

Nommez cinq éléments que vous verrez dans la situation future, cinq autres que vous entendrez et faites de même pour les sensations.

Prenez le temps de bien vivre la situation réalisée. Vous pouvez, par exemple pour commencer, *projeter la scène sur un écran comme un film dont vous seriez le metteur en scène, l'acteur et dans un premier temps le spectateur.*

Une fois que vous voyez bien le film se dérouler, intervenez, passez dans la scène pour en devenir l'acteur. Et, comme lui,

— regardez ce qui vous entoure,
— écoutez ce qui se passe,
— éprouvez ses sensations.

Familiarisez-vous avec ces nouveaux comportements. Eventuellement, apportez-y les modifications qui vous paraissent opportunes. Transformez les attitudes, les paroles et les gestes en fonction de l'impact que vous souhaitez susciter.

Lorsque vous estimez avoir une cible suffisamment précise, fixez-la dans votre mémoire. Comme pour le marin, elle deviendra votre cap.

— Conciliez vos objectifs personnels avec ceux de vos interlocuteurs

Chaque partenaire dans une relation professionnelle a un objectif. Si vous avez suivi cette méthode, le vôtre a des chances certaines de reposer sur une représentation plus précise, donc plus opérationnelle que celle de votre interlocuteur. La question se pose alors : devez-vous lui en parler ou le garder secret ?

Par expérience, nous savons que les chances de succès d'une relation sont doublées lorsque les objectifs personnels sont exposés, discutés et harmonisés au début de l'échange.

Et si l'autre ne sait pas ou pas trop ce qu'il veut, vous pouvez même l'aider par cette méthode à élaborer un objectif personnel précis.

Ensuite vous concilierez les deux. Reconnaître les objectifs de l'autre ne veut pas nécessairement dire les accepter tels quels, mais trouver le cadre commun dans lequel les deux peuvent s'intégrer. C'est l'art de la recherche du plus grand dénominateur commun possible.

Cette phase essentielle sert de tremplin à une dynamique positive de la relation et permet aux partenaires d'être tous gagnants.

— Equilibrez vos objectifs personnels à court, moyen et long terme

Avez-vous des désirs et des projets pour les cinq, dix et vingt années à venir ou même pour le reste de votre vie ?

Ces projets à long terme exercent un rôle plus ou moins déterminant dans votre façon de vivre le présent et de structurer votre imagination. Il y a, en effet, interaction entre les différents objectifs personnels selon leur positionnement dans le temps. La communication par objectif pourrait présenter l'écueil éventuel d'une structuration du temps qui vous laissera « cloué » au ras de la gestion du quotidien. Programmer le futur vous donne une direction de vie et permet de remettre à leur place les enjeux du présent. Il n'y a pas de contradiction entre la recherche d'option concernant le dossier Duval qui doit être rendu lundi matin, et la capacité de répondre à la question : « Quelle vie privée et professionnelle je veux mener dans les dix ans ? », et même « Quand je ferai le bilan de ma vie, qu'est-ce que je veux avoir accompli pour avoir vécu une existence qui en valait la peine ? ».

Présent et futur peuvent s'équilibrer mutuellement et s'éclairer dynamiquement.

La quantité, la qualité et la précision de vos objectifs personnels en s'interpénétrant renforcent votre flexibilité, votre disponibilité et votre assurance dans la communication.

Nota : Dans les organisations, les programmes de gestion prévisionnelle (production, marketing, finances, personnel) se sont multipliés, à juste titre, à la recherche d'une possible maîtrise du futur. Mais qu'en est-il de l'individu ? Que faisons-nous pour maîtriser notre avenir personnel ? Comment le pensons-nous ? L'idéologie, pas plus que la gestion ne nous proposent de réponses.

C'est l'un des intérêts de la P.N.L. que de permettre à chacun, d'organiser méthodiquement son esprit et ses représentations pour prévoir et générer des comportements utiles et motivants, et ainsi influer sur son avenir.

Pour composer ces anticipations, vous n'avez besoin que d'un investissement minimum en temps et en énergie.

Cette méthode en effet nécessite :

— quelques minutes de disponibilité complète,

— un état de détente confortable,

— l'utilisation créative de votre esprit pour vous engager dans ce processus en cinq étapes.

LE TRAVAIL DES CINQ SENS : L'OBSERVATION ET LA CALIBRATION

Utiliser son sens de l'observation, c'est être conscient de ce qui se passe maintenant. C'est avoir ses cinq sens tournés vers l'extérieur : (V.A.K.O.) e.

Combien de personnes n'entendent pas leur interlocuteur, trop occupées qu'elles sont à réfléchir à ce qu'elles vont dire quand viendra leur tour de parler ! Combien ne voient pas leur interlocuteur pour la même raison ! Utiliser son sens de l'observation, c'est non seulement entendre le contenu de ce qu'*exprime* l'autre (l'aspect « digital » de l'information) mais aussi être attentif à la *façon* dont il s'exprime (ton, rythme), à la construction des phrases (« l'aspect " analogique " »), à ses expressions de visage, ses mouvements des yeux, ses postures et ses différentes réactions physiologiques.

Les réactions non-verbales, même et surtout les plus subtiles, sont riches d'informations. Pour pouvoir les détecter, nous vous invitons donc à vous brancher plus sur l'extérieur et moins sur ce qui se passe dans votre tête, vos arguments, vos théories sur le type de personnalité qu'est sensé être l'autre.

Pour commencer votre entraînement, vous pouvez chaque jour consacrer dix minutes à l'observation de l'un des paramètres suivants :

— expressions de visage,

— postures,

— mouvements,

— respiration,

— ton et rythme de la voix.

Choisissez chaque jour un élément différent à observer.

L'utilisation de l'observation consiste simplement à détecter ce qui est observable maintenant tout en se gardant bien de l'interpréter selon des catégories pré-établies. Ce n'est donc pas une démarche du type « analyse du langage du corps ».

Nous observons, par exemple, qu'à un moment donné les coins de la bouche de notre interlocuteur descendent légèrement, que le teint de sa peau s'éclaircit, qu'il respire dans le haut de sa poitrine et qu'il croise les jambes. C'est le niveau des faits observables. Nous n'allons pas interpréter ces observations, et décider, par exemple, que notre interlocuteur est sur la réserve, dubitatif, intimidé ou encore, s'il s'agissait d'un cadre thérapeutique, qu'il a des difficultés sexuelles parce qu'il vient de croiser les jambes.

Toutes les approches se réclamant d'un langage du corps et de son interprétation sont considérées comme excessivement simplificatrices par la P.N.L.

En effet, nos communications non-verbales sont hautement *idiosyncrétiques* et, par exemple, alors que, pour l'un croiser les bras sera associé à une attitude de méfiance, un autre les croisera au contraire lorsqu'il se sent à l'aise.

LA P.N.L. PREFERE UTILISER UN PROCEDE NOMME CALIBRATION

Calibrer, c'est *repérer des indicateurs comportementaux et physiologiques associés à un état interne.*

Vécu interne et comportement externe sont liés comme les deux faces de la même médaille. Tout ce que vit une personne transparaît donc nécessairement dans ses réactions comportementales et dans sa physiologie, quelque subtils que soient ces indicateurs. Et là, le développement de vos talents d'observateur vous sera de première utilité, car ces états internes sont reflétés la plupart du temps, non pas par de grands comportements évidents, mais par des mini comportements plus subtils, comme par exemple le mouvement des yeux, le changement d'inclinaison de la tête, les modifications de la respiration ou de la coloration du teint de la peau, ou encore le tonus musculaire et le rythme de la voix.

A un état interne donné correspond un ensemble de mini-comportements qui sont stables, de façon telle que lorsque, plus tard, vous verrez réapparaître cet ensemble d'indicateurs, vous pourrez en déduire avec fiabilité que votre interlocuteur se trouve de nouveau dans le même état (1).

Calibrer, c'est donc faire une sorte de *cliché instantané* de ce que montre une personne à un instant donné. Imaginez que vous soyez capable, en situation professionnelle, de faire un cliché d'états où votre interlocuteur est :

— d'accord,

— moyennement d'accord,

— pas d'accord.

Fort de ces trois photos, vous pourrez savoir, souvent même avant lui, comment il perçoit vos arguments. En effet, nos réactions non verbales précèdent généralement la prise de conscience de ce que nous pensons et éprouvons. Charge à vous alors, de détecter ces réactions dès leur apparition et d'en tenir compte en ajustant votre style de communication. Vous pourrez également apprendre à renforcer les états « d'accord » en utilisant *l'ancrage* (concept présenté à la fin de la Deuxième Partie).

Suivant ce mécanisme, vous pouvez apprendre à repérer d'autres états « clés », comme par exemple des états « *ressources* » : ces états dans lesquels une personne sait donner le meilleur de ses compétences et de sa créativité. Vous pouvez ainsi aider vos collaborateurs ou vous aider vous-même à accéder plus systématiquement à de tels états, chaque fois qu'ils vous sont utiles pour accomplir une tâche donnée.

Pour la P.N.L., en matière de communication et de performances de haute qualité, rien ne remplace notre capacité à voir et entendre ce qui se passe maintenant, et d'agir à partir de là.

CREER LE RAPPORT AVEC SES INTERLOCUTEURS : LA FLEXIBILITE

Comment l'interviewer peut-il s'y prendre pour entrer en contact et établir vite et bien la confiance avec son interlocuteur ?

La P.N.L. répond à cette question en proposant une méthode fondée sur deux principes.

---

(1) Le lecteur trouvera dans la partie pratique de l'ouvrage divers exercices d'observation et de calibration qui lui apprendront comment manier ce savoir-faire.

1) *Rencontrer la personne sur son terrain.*

La meilleure façon de se faire comprendre de quelqu'un est d'être capable de se placer sur son terrain. C'est en parlant le langage verbal et non-verbal de son partenaire que l'on augmente les chances d'en être compris.

C'est aussi, à un niveau psychologique, l'occasion de transmettre en pointillé un message du type : « D'une certaine façon, nous nous ressemblons et je comprends la façon dont vous abordez les choses ».

2) *Agir sur le processus de la communication plutôt que sur le contenu.*

Cet univers de la communication humaine dans laquelle nous baignons peut s'aborder sous deux angles :

— ce qu'on dit : c'est le niveau du *contenu,*

— comment on le dit : c'est le niveau du *processus.*

Exemple :

> Pierre discute avec un vendeur des délais de livraison de matériel électronique. Il explique ses arguments pour obtenir un délai plus court.
>
> Niveau du contenu
>
> En parlant, il ponctue son discours d'un geste appuyé de la main. Sa voix est rapide, forte et catégorique. Ses phrases sont courtes et il emploie de nombreux mots auditifs.
>
> Niveau du processus

Alors que le contenu est véhiculé par le niveau verbal, le processus l'est par le niveau non-verbal ainsi que le niveau para-verbal indépendant des contenus (structure et longueur de la phrase, choix des mots à base sensorielle, etc.).

Indépendamment des contenus traités, *c'est le niveau du processus qui détermine le type de relation que noueront deux personnes.*

Les informations qui s'échangent à ce niveau sont émises et reçues la plupart du temps *à l'insu* des protagonistes. Elles n'en exercent que davantage une influence prégnante sur ceux-ci : *nous communiquons beaucoup plus que nous n'en sommes conscients,* et dès lors que deux ou plusieurs personnes sont en présence, elles s'influencent mutuellement, qu'elles parlent ou qu'elles se taisent, et qu'elles s'en rendent compte ou non.

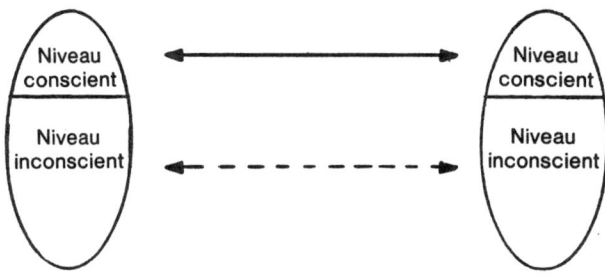

C'est dans une large mesure ce qui s'échange à ce niveau inconscient (le terme est employé ici dans sa définition opérationnelle la plus simple : tout ce dont nous ne sommes pas conscients maintenant) qui va permettre d'établir un rapport positif avec un interlocuteur, ou le compromettre.

Pour nous, établir le rapport ne veut pas nécessairement dire être perçu comme « sympathique », mais savoir susciter une attitude de confiance ainsi que le sentiment d'être compris.

Ce savoir-faire passe donc par la gestion délibérée de ce niveau de communication, habituellement non-conscient. Beaucoup d'approches préconisent la recherche de la signification profonde, cachée derrière ce qui est explicitement exprimé par l'autre. « Pourquoi dîtes-vous cela ? » L'a-priori d'une telle démarche, au demeurant pertinente, est que c'est le contenu de ce qui est exprimé qui est le plus déterminant dans l'échange.

Pour la P.N.L., ce sont *les processus de la relation, de la pensée et des comportements qui déterminent essentiellement l'échange.* La question tourne donc autour du « comment ? ».

En conséquence, c'est en jouant sur les formes verbales et non-verbales des processus inter-actionnels que l'on améliore la qualité des relations et le contenu de ce qui est échangé.

3 La pratique de la synchronisation

La synchronisation utilise de façon souple cette dimension du processus pour créer le rapport avec un interlocuteur.

Se synchroniser sur une personne consiste à *refléter les processus du langage, verbal et non-verbal, propre à celui-ci.* C'est à notre connaissance la façon la plus puissante de « faire passer le courant » avec la personne de notre choix et de lui montrer qu'on la comprend. Non pas de lui dire, mais de lui en faire la démonstration.

LA SYNCHRONISATION NON-VERBALE

Il s'agit d'adopter, de reproduire les comportements non-verbaux de votre interlocuteur :

— 1) *Soyez attentif à :*

— sa posture,

— aux mouvements de son corps,

— aux expressions de son visage,

— au ton et au rythme de sa voix,

— à la façon de respirer.

C'est le moment d'utiliser votre sens de l'observation.

— 2) *Sélectionnez, au moins, un ou deux éléments* dans cette liste et imitez-les en les renvoyant discrètement en miroir.

> Refléter les attitudes de votre interlocuteur exerce un impact puissant sur celui-ci. Sans doute parce que ce procédé accroche chez lui d'anciens « circuits » psychologiques venant de l'enfance et toujours présents dans chaque adulte. Les recherches psychologiques effectuées dans ce domaine montrent en effet que l'imitation sert au moins deux fonctions chez les enfants.
> — Elle permet d'apprendre. C'est en copiant les autres qu'on acquiert certains de leurs savoir-faire. C'est l'apprentissage par modelage.

— Plus encore, elle permet d'établir le lien avec l'autre. L'enfant qui veut se lier avec un autre enfant adopte spontanément le même comportement que celui-ci pour lui communiquer son intention (et va par exemple sauter à cloche pied en même temps que lui). C'est le phénomène du mimétisme.

En termes d'Analyse Transactionnelle, la synchronisation est une transaction située au niveau psychologique qui accroche à un niveau non-conscient « l'Enfant » de la personne.

En termes de latéralisation hémisphérique, la synchronisation est une communication à l'hémisphère droit (l'hémisphère droit est celui qui appréhende les choses de façon globale et intuitive et dont nous sommes largement inconscients du fonctionnement, alors que la gauche gère principalement tout ce qui a trait à la pensée linéaire, la logique et la rationalité).

Nota : Lorsque les auteurs du présent ouvrage présentent cette technique dans leurs séminaires, une question revient souvent. « Et si la personne a des tics, de l'asthme ou tout autre problème de ce genre, est-ce je dois me synchroniser sur ces caractéristiques là ? »

Notre réponse est : non. Dans le paragraphe précédent, la technique présentée était celle de la synchronisation directe. Dans des conditions plus délicates, vous pouvez opter pour la synchronisation croisée. Celle-ci consiste à reproduire un des éléments non-verbaux du comportement de votre interlocuteur en utilisant pour cela un autre élément non-verbal de votre propre comportement.

Exemple — Soit A l'interviewé et B le communicateur.

• A bouge le pied avec un rythme régulier.

• B reprend ce rythme en tapotant sur ses cuisses avec les doigts des deux mains.

• A balance le haut de son corps d'avant en arrière.

• B bouge une de ses jambes en même temps.

• A pourrait aussi, par exemple, harmoniser le rythme de ses phrases sur celui de la respiration de son interlocuteur.

La liste des exemples peut s'allonger... Cela dépend de votre imagination et de votre capacité à observer le comportement et à le reproduire.

La synchronisation croisée consiste donc à refléter un aspect du comportement non verbal de votre interlocuteur, mais en utilisant un support différent.

LA SYNCHRONISATION VERBALE

Tout comme on se synchronise non-verbalement, il est utile de le faire au niveau verbal, les deux niveaux se complétant naturellement. Nous proposons trois possibilités complémentaires en matière de synchronisation verbale.

LA REFORMULATION

Technique connue et pratiquée depuis des années [1], (enseignée et développée par Carl Rogers), elle consiste à refléter le contenu des idées principales qui ont été émises.

« Si j'ai bien compris, vous pensez que... »

« Autrement dit, ce qui vous préoccupe c'est... »

---

(1) Pour plus d'explications, on se reportera au livre de Roger MUCCHIELLI, paru dans cette même collection, **L'entretien de face à face dans la relation d'aide**, 9ᵉ édition, 1983.

Utilisée à bon escient, cette technique exerce un impact important sur la qualité de la relation ainsi que sur la quantité d'informations échangées.

La personne dont on reformule le discours, se sachant écoutée et comprise, se sent plus à l'aise et apporte tout naturellement de nouvelles informations. Ces techniques d'écoute active et de reformulation offrent un exemple de la manière dont la synchronisation permet de créer un bon rapport et d'influencer positivement le cours d'un entretien (indépendamment, d'ailleurs, de l'idéologie adoptée par ces approches, prônant la « non influence » et la « non induction »).

LA SYNCHRONISATION SUR LA SYNTAXE ET LES TOURNURES DE PHRASES

Quand vous en avez l'occasion, utilisez dans votre discours les formes caractéristiques, les structures et l'organisation spécifique sur laquelle vous avez remarqué que votre interlocuteur s'appuyait pour construire ses phrases. Construisez les vôtres sur des modèles identiques. Ceci peut être un vrai exercice de style à l'instar de R. Queneau, qui dans un de ses livres, écrit et fait dire par différents personnages, liés à différentes situations, une même histoire courte. Le fond ne change pas, seule la forme varie.

Chaque personne a ses façons particulières de s'exprimer. Refléter ces manières ajoute un impact — perçu inconsciemment — à votre façon de communiquer.

L'ASSORTIMENT DES PREDICATS

L'attention que la P.N.L. recommande de porter aux prédicats n'a pas pour seule fonction de satisfaire une reconnaissance intellectuelle du fonctionnement de l'autre. Elle débouche sur des applications pratiques, notamment la synchronisation.

Et là, nous pénétrons dans une dimension nouvelle non explorée jusqu'alors.

L'idée est simple : exprimez-vous dans le même canal que votre vis-à-vis. S'il visualise, exprimez-vous et questionnez-le en termes visuels. S'il ressent, parlez en termes kinesthésiques. Faites de même pour le système auditif.

> — « Ce poste exige une vision claire des choses et un sens des perspectives.
> — C'est également mon point de vue. Je vois cela sous le même angle.
> — J'espère qu'il fera l'affaire pour cette mission. C'est un travail où il faut être chaleureux, mais capable de fermeté aussi.
> — Pour ma part je me sens bien avec ce choix, c'est quelqu'un qui a les pieds sur terre.
> — Je me dis qu'on ne s'entend pas sur ce point.
> — Une façon plus parlante de se mettre d'accord serait peut-être de... ».

L'observation des mouvements d'yeux complète celle des prédicats et permet de savoir comment un interlocuteur organise ses processus de pensée d'instant en instant, même quand il est silencieux. Quand ce mouvement est repéré, il est, là aussi, possible de communiquer dans le même système.

> Robert qui travaille dans un service de marketing discute avec son directeur d'une stratégie à adopter pour le lancement d'un produit. Il fait diverses propositions à celui-ci. Le directeur se tait un instant pour réfléchir — orientation interne —. Ses yeux se déplacent vers le haut.
> Robert : « Comment voyez-vous cela ? »
> Si les yeux s'étaient déplacés horizontalement ou en bas à droite (auditif) il aurait pu dire : « Qu'en dîtes-vous ? » ou « Est-ce que cela vous parle ? ».

Ou encore, si les yeux étaient descendus en bas à gauche (kinesthésique) « Comment le sentez-vous, vous ? » ou « Quel est votre sentiment à propos de ces propositions ? ».

Celui qui initie la communication est conscient d'utiliser des techniques. Son interlocuteur n'a pas à être conscient de cela. Le communicateur devient en somme une sorte de *système vivant* de *bio feed-back* pour son client, en reflétant l'expérience de celui-ci.

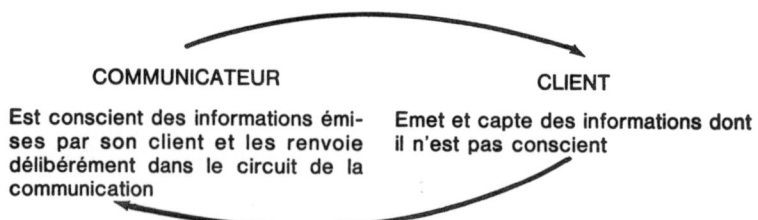

COMMUNICATEUR   CLIENT

Est conscient des informations émi-   Emet et capte des informations dont
ses par son client et les renvoie   il n'est pas conscient
délibérément dans le circuit de la
communication

Le communicateur traite les données émises, consciemment et inconsciemment, par son vis-à-vis, et il va adopter des attitudes, des comportements verbaux qui seront captés inconsciemment par son partenaire. L'art de la synchronisation réside justement dans cette aptitude du communicateur à intervenir et agir délibérément au niveau conscient et inconscient de la relation. Le but est que les messages qu'il envoie pour contrôler le processus soient reçus par B hors du champ de conscience de celui-ci. Il ne s'agit donc en aucun cas de faire une copie parfaite ou de singer B, ce dont il s'apercevrait, avec pour résultat une réaction qui irait sans doute à l'encontre de ce qui est recherché.

Il ne s'agit donc pas de caricaturer l'autre, mais de le *rendre sensible à une impression générale de contact et d'accompagnement.* Soyez respectueux de l'expérience de votre partenaire. En terme de théâtre, ne « chargez pas ».

La façon d'être au monde d'une personne est constituée et reflétée par les multiples « patterns » verbaux et non verbaux, propres à celle-ci. La synchronisation est une validation de ces structures, communiquée à un niveau inconscient.

En apprenant à vous synchroniser sur le comportement d'un interlocuteur, vous vous synchronisez sur certains de ses processus externes. En vous synchronisant sur les systèmes de représentation qu'il utilise, vous allez un pas plus loin : vous vous synchronisez sur ses processus internes, ses processus mentaux. En combinant les deux, vous augmentez de façon significative votre puissance personnelle d'intervention.

4 La conduite de la relation

La synchronisation est la première étape d'une stratégie de communication qui inclut un second temps : la *conduite*. L'utilisateur de la P.N.L. pratique la communication par objectifs. Il sait ce qu'il veut et où il va. Il accompagne et reflète pour conduire.

CONTROLER LES PROCESSUS DE LA COMMUNICATION

Conduire, c'est *contrôler les processus de la communication.* Si ce contrôle s'effectue mieux lorsqu'il mobilise les niveaux non conscients de la communication, souvenons-nous par contre que l'objectif à atteindre doit, lui, être explicité et clairement compris par les partenaires. Sur ce terrain, il s'agit d'un *contrat.*

Quand vous observez, verbalement et non-verbalement, que vous avez su vous placer sur la même longueur d'onde que votre interlocuteur, le moment est venu de passer à cette seconde phase, la conduite. La conduite c'est l'avance progressive dans la direction cohérente avec votre but. Ce but se situe dans un cadre commun qui prend également en compte l'objectif de votre interlocuteur.

Comment s'assurer que l'autre suit ? Grâce aux indicateurs non-verbaux qui sont fiables.

Ainsi, par exemple, après avoir reflété non-verbalement ce que faisait la personne avec qui vous communiquez, vous pouvez changer un élément de votre attitude : vous posez naturellement les mains sur la table, vous étendez vos jambes, prenez une bonne inspiration ou faites n'importe quoi d'autre. Si vous avez réussi à établir le rapport, votre partenaire va en faire autant : mains sur la table, jambes, respiration. Si c'est le cas, *il vient de vous montrer que le rapport est bien établi entre vous.* Vous pouvez alors introduire progressivement vos propres idées et arguments, tout en continuant à tenir compte de son modèle du monde. On retrouvera cette dynamique tout au long de l'entretien : *se synchroniser puis conduire.* Puis à partir du nouveau point atteint, se synchroniser puis conduire et ainsi de suite.

Un atout-clé pour savoir où vous êtes : votre observation. Fiez-vous à ce que vous voyez et non pas ce que vous imaginez que peut vivre l'autre. Tenez compte de chaque accord partiel repéré non-verbalement et continuez à construire à partir de là. De la même façon, utilisez le feed-back non-verbal que vous offre votre interlocuteur pour repérer ses premiers signes de désaccord ou d'incongruence, avant que lui-même ne les ait conscientisés, et tenez en compte pour « corriger le tir ».

Il en est de la communication comme de la danse : vous apprenez d'abord à danser comme l'autre. Pour cela, vous le suivez. Puis lorsque vous avez bien compris le pas et vérifié que l'autre s'en soit rendu compte, vous pouvez à votre tour conduire progressivement.

Cette capacité à rencontrer une autre personne sur son terrain, aux multiples niveaux d'expression de celle-ci, Grinder et Bandler l'ont observée chez les experts qu'ils ont analysés. Le docteur Milton Erickson, spécialiste de l'hypnose et fondateur du courant des thérapies brèves était passé maître dans cet art de rejoindre son client dans le modèle du monde de celui-ci et de travailler à partir de là. Virginia Satir, thérapeute familiale de renommée internationale, bien que d'une personnalité différente d'Erickson, possède également ce savoir-faire. Elle parle visuel avec des visuels, auditif avec des auditifs, et ressent avec les kinesthésiques. Chose intéressante, avant que ce savoir-faire ne soit mis à jour par Grinder et Bandler, ces deux thérapeutes n'étaient pas conscients de faire cela et le faisaient intuitivement. La P.N.L. existait avant d'être « inventée ».

On retrouve cette compétence chez tout bon communicateur, quel que soit l'horizon d'où il vient.

UN EXEMPLE : LES VENDEURS

Une thèse américaine de doctorat, récente, portant sur l'efficacité des techniques de vente confirme que les meilleurs vendeurs sont ceux qui créent un cadre de confiance en s'adaptant à chaque client et en exerçant une influence sur leur mode de pensée et d'expression. L'auteur de la thèse, Daniel Moine, a utilisé les grilles de la P.N.L. pour observer le comportement de cinquante commerciaux aux résultats excellents.

Il dégage cinq points clés de ses observations (1) :

— 1) Ces commerciaux savent créer un rapport de confiance grâce à l'observation d'un « rythme hypnotique », c'est-à-dire par l'emploi de phrases ou d'attitudes qui reprennent les commentaires ou le comportement du client. Cette technique offre une image en miroir et implique une suggestion : « Je suis comme vous. Il y a une communion d'esprit entre nous. Vous pouvez avoir confiance en moi ».

— 2) Ils utilisent un second procédé de persuasion : lorsque le client émet une objection ou une résistance, dans un premier temps ils reconnaissent et amplifient même l'objection de celui-ci, Par exemple, à un client contestant l'intérêt de la souscription d'une assurance, le vendeur dira : « L'assurance n'est certes pas le meilleur des investissements possibles ».

Le vendeur qui n'a fait qu'aller dans le sens de son client, éclaire alors différemment la situation, d'une façon qui va contourner l'objection que celui-ci venait d'émettre. Il poursuit sa phrase et dit : « Mais les avantages des assurances sont multiples ». Il se met alors à décrire les différents intérêts que présente l'assurance vie.

Les commerciaux moins efficaces agissent autrement. Généralement, dès l'apparition d'une résistance chez leur client, ils n'hésitent pas à lui asséner un ensemble d'arguments stéréotypés (et d'ailleurs souvent appris par cœur), censés venir à bout de son objection. Ce type d'intervention entraîne généralement une contre force chez le client qui se retranche alors davantage sur ses positions.

— 3) Après avoir créé le climat de confiance, les meilleurs vendeurs commencent alors à présenter leurs suggestions et à poser des jalons pour convaincre leur client.

L'une des techniques qui permettent de le faire consiste à utiliser des phrases-clés dont la véracité ne fait pas de doute. « C'est agréable de devenir propriétaire d'une nouvelle voiture. Vous avez 27 ans, et nous avons calculé que votre prime d'assurance se montera à 3 000 F ».

Ce genre de truisme (appelé « yes set » par Erickson) vise à affirmer une ou plusieurs choses indéniables comme ci-dessus, puis à ajouter à cela une nouvelle affirmation concernant l'intérêt d'acheter le produit. Cette suggestion sera « portée » par les quatre premières même s'il n'y a pas de liens logiques entre elles.

Cette stratégie est empruntée au style de communication hypnotique créé par Erickson (2). Le praticien utilisant thérapeutiquement ce type d'approche dirait par exemple à son client pour induire un état hypnotique : « Vous êtes assis là sur une chaise, vous regardez les différents objectifs posés sur mon bureau, vous écoutez le son de ma voix... Et, tout en faisant cela, vous pouvez commencer à entrer dans un état intérieur de plus grande détente ».

Les trois premières affirmations sont indéniables. La quatrième qui n'a pas nécessairement de relation logique avec les précédentes prend appui sur celles-ci pour *se donner un même caractère d'évidence*. On retrouve là en action le processus de synchronisation et conduite dans lequel dans un premier temps le communicateur se synchronise sur ce qui est nécessaire-

---

(1) D'après l'article « La confiance, ça rapporte » in Psychologie no 152 et la thèse de doctorat de D. MOINE, Université de l'Oregon, Etats-Unis.
(2) Cf. l'ouvrage de J.A. MALAREWICZ et J. GODIN, **Milton H. Erickson.** Ed. E S F, collection Psychothérapie, Méthodes et Cas, 1986.

ment présent maintenant (les trois premières affirmations) puis conduit progressivement dans la direction où il veut aller.

— 4) Ils saupoudrent leur discours de suggestions.

Une technique de communication que l'on retrouve chez ces commerciaux et qu'Erickson a élevée dans son domaine au rang d'une spécialité, consiste à saupoudrer le discours de suggestions marquées par un ton de voix ou une posture particulière. Au fil d'une phrase, le vendeur insérera une remarque comme par exemple :

« Vous pouvez vous demander *s'il est intéressant d'acheter cette voiture, Monsieur Leroux,* plutôt qu'une autre ».

Le message incorporé dans le discours est souligné par un changement de ton, de rythme ou de volume de la voix. D'après les observations de l'auteur sur ce travail, lorsque ces communicateurs énoncent de telles phrases clés, ils ralentissent leur débit instinctivement en prononçant très distinctement chaque mot et en regardant leur client. Le fait d'insérer le nom de l'interlocuteur, au début ou à la fin de la phrase contenant la suggestion, semble donner un poids plus important à celle-ci.

— 5) Ces communicateurs s'expriment facilement par des métaphores.

Certains vendeurs ne font pratiquement rien d'autre que raconter des histoires, des anecdotes et des métaphores pour capter l'attention de leur client.

Napoléon affirmait, avec raison, qu'un bon dessin vaut mieux qu'un long discours. *Le langage imagé est l'équivalent mental du dessin.* C'est aussi une communication à l'hémisphère droit, celui qui « pige » d'un seul coup. Un excellent agent d'assurance dont l'argumentation avait été étudiée pour les besoins de cette recherche avait rattrapé comme suit la décision d'un homme résolu à signer un contrat avec une compagnie plus petite :

« C'est comme si vous vous prépariez à traverser l'Atlantique en bateau avec toute votre famille pour vous rendre en Europe. Vous avez le choix de faire la traversée dans un canot de sauvetage ou sur le Queen Mary. Dans lequel des deux vous sentiriez-vous le plus en sécurité ? ».

Si le vendeur avait discuté chiffres et statistiques, il est peu probable qu'il ait aussi bien retenu l'attention de son client.

5 La recherche de la précision

La matière brute que les responsables et les dirigeants transforment en décisions, c'est avant tout l'information. Ces informations qu'ils sont amenés à traiter se présentent, principalement, sous une forme, *le langage.* Celui-ci peut être parlé : entretiens avec des subordonnés ou des supérieurs hiérarchiques, réunions d'équipe, contacts avec des clients ou des partenaires professionnels extérieurs à l'entreprise, etc. Il peut être également écrit : notes de services, rapports, bilans, journaux professionnels et autres.

Si le langage est le média de communication le plus riche, c'est aussi, à l'occasion, le plus flou et le plus porteur d'erreurs. Le langage est le système de communication dans lequel l'information véhiculée s'accompagne du plus fort « bruit », au sens que donnent à ce terme les théories de la communication. ·

Il est donc particulièrement important pour le professionnel de la communication de disposer d'outils qui lui permettent de démêler ce qui est pertinent pour lui en matière d'information, de ce qui est parasite, ainsi que de repérer de façon systématique ce que sont les informations utiles dont il a besoin pour agir et qui lui manquent dans ce qu'on lui communique. Le succès du manager tient pour une large part dans son efficacité à traiter de l'information, puis à agir à partir de cette base de données. La condition nécessaire à cette efficacité, c'est sa capacité à contrôler la qualité de l'information reçue ou transmise, et pour cela :

— savoir poser un cadre pour délimiter ce qu'il a besoin de savoir (et laisser de côté ce qu'il n'a pas besoin de savoir).

— et à l'intérieur de ce cadre, posséder un ensemble de questions précises grâce auxquelles il va pouvoir clarifier les informations qu'on lui donne et les faire préciser jusqu'au niveau de détail requis.

Tout moyen systématique qui permettra d'évaluer et bien souvent d'augmenter la « teneur » en informations claires et utiles dont le langage est porteur, nous apparaît dès lors comme *un des garants du succès de la personne et de l'organisation* dans laquelle elle s'insère.

Mais attardons-nous un instant sur quelques notions de base concernant le langage.

QU'EST-CE QUE LE LANGAGE ?

C'est un code symbolique particulier. Un code parce que c'est une convention partagée par les membres d'un même groupe linguistique. Il existe des centaines de langues différentes parlées sur cette planète. Ce qu'en français on désigne sous le nom de « beurre » s'appelle « butter » en anglais et « montequila » en espagnol. C'est un code symbolique en ce sens que nous utilisons les mots et les phrases pour communiquer à propos de choses ou d'événements qui se déroulent au niveau de l'expérience réelle. L'expérience, c'est tout ce que nos sens nous permettent de vivre : ce que nous pouvons voir, entendre, toucher et éprouver ou encore sentir ou goûter. Comme nous l'enseigne la sémantique, le mot n'est pas la chose nommée, c'est *une représentation de celle-ci*. Le mot « voiture » ne roule pas, le mot « machine à écrire » ne tape pas de lettres. Le langage et l'expérience sensorielle appartiennent à l'évidence à deux ordres de réalité différents. C'est une chose de prononcer la phrase « J'ai pris un coup de marteau sur le doigt », c'en est une autre d'en faire réellement l'expérience. Enfin, le langage est un code *symbolique* qui a ceci de particulier qu'il nous laisse une grande latitude pour coder notre expérience : alors que chaque situation est unique — elle possède ses caractéristiques propres et se produit une fois en un lieu et à un moment précis —, lorsque nous utilisons le langage pour figurer cette expérience, nous disposons de nombreuses façons de le faire.

Nous avons le choix des mots et des phrases que nous emploierons et nous pouvons faire preuve de plus ou moins de précision et d'objectivité dans cette description.

Supposons qu'André ait à décrire ce qu'il a fait hier. Chacune des descriptions suivantes pourrait convenir :

— « Hier, j'ai passé ma journée à Deauville avec Evelyne. Nous sommes partis à dix heures du matin et sommes arrivés à midi. Là, nous avons déjeuné au restaurant de la plage. L'après-midi, nous avons marché sur les planches, puis nous nous sommes promenés en ville. Il faisait chaud, vingt-cinq degrés. Nous avons fait quelques courses, vers huit heures nous avons dîné de fruits de mer à « la Raie d'or » et puis nous sommes rentrés à Paris. C'était une journée très réussie ».

— « Hier, j'ai passé la journée à Deauville avec Evelyne. Nous avons déjeuné là-bas et nous nous sommes promenés ; c'était une journée très agréable ».

— « Hier, j'ai passé une bonne journée en province avec une amie ».

— « J'ai pris du bon temps ».

Chacune de ces descriptions est une façon possible et exacte de relater ce qu'a fait André hier. Bien qu'elle se réfère à la même expérience, chacune d'elles est différente. Comme l'a remarqué le lecteur, la différence principale tient en leur teneur en informations. En fait, l'ordre dans lequel elles sont présentées suit un « gradient » de qualité dans lequel la première phrase est la plus riche en informations et la dernière la plus pauvre.

UNE INFORMATION PRECISE
EST PROCHE DE L'EXPERIENCE SENSORIELLE

Dans la première description, les personnages, l'action, le lieu et le temps sont clairement définis. Le nombre de situations vécues au niveau réel de l'expérience auquel renvoie cette description est donc assez réduit. Plus on descend dans la liste et plus l'écart se creuse entre la représentation linguistique et l'expérience réelle à laquelle elle se réfère. Dans le temps, le nombre d'expériences auxquelles pourrait renvoyer chaque phrase s'accroît, jusqu'à la dernière : « J'ai pris du bon temps ». La personne qui entend cette phrase peut imaginer un nombre pratiquement incalculable de possibilités concernant ce qu'a fait André.

Plus une phrase peut renvoyer à un grand nombre d'expériences sensorielles, plus nous la considérons de faible qualité informative. Inversement, plus le nombre de situations réelles auxquelles renvoie une phrase est réduit, plus nous considérons cette phrase comme une phrase de haute qualité informative.

Une information transmise par le langage sera dite précise si elle est de la plus haute qualité possible en fonction du contexte dans lequel elle va être utilisée.

Pour nous, l'information la plus précise est celle qui est restée le plus proche de l'expérience sensorielle à laquelle elle se réfère (ce qu'on a vu, entendu, touché ou ressenti). Plus on s'éloigne de la description sensorielle pour aller vers l'abstraction, plus l'imprécision augmente. Dans cette direction vers l'abstraction, une seconde difficulté apparaît également, celle liée au sens que nous donnons aux mots. Si nous vous décrivons la tour Eiffel, nous sommes à peu près sûrs de nous faire comprendre car nous vous décrivons un élément de l'univers matériel. Mais qu'en est-il si nous vous parlons de liberté ou de bonheur, ou si nous parlons de ressources humaines, d'amélioration de la productivité ou de relations avec les clients ? Il est peu probable que deux personnes mettent les mêmes choses sous chacun des mots ou des expressions ci-dessus.

Un mot n'a pas seulement la signification donnée par le dictionnaire. Il renvoie à l'expérience réelle, et par conséquent à toutes les expériences qu'a vécues l'individu et sur la base desquelles il donne une signification personnalisée à ce mot. Le mot « pauvreté » ne voudra pas dire la même chose pour vous selon que vous êtes indien ou français.

Nous considérons les *mots abstraits* (« Je veux vivre une vie riche et m'épanouir ») comme des mots à faible teneur en information. Si l'on interroge des gens pour savoir ce que « richesse », « liberté » ou « bonheur » veulent dire pour eux, on s'aperçoit que les réponses varient largement de l'un à l'autre. Plus le langage est abstrait, plus la part personnelle qui y est ajoutée est grande. C'est le langage favori du politicien puisqu'il est suffisamment vague pour que chacun l'entende à sa façon. C'est une manière de communiquer **qui** permet de « ratisser large ». De façon générale, ce type de langage **est** approprié lorsqu'il s'agit de gagner l'assentiment du plus grand nombre possible de personnes.

Par différence, les *mots concrets* (« Je veux gagner trois mille francs de plus à partir du premier Février ») sont univoques et à plus haute teneur en informations précises. Ce sont les mots, dépouillés de toute signification superflue pour leur contexte d'utilisation, qui sont restés les plus proches possible de l'expérience sensorielle.

Le langage abstrait a, bien entendu, son utilité. La *conceptualisation* est nécessaire. C'est d'ailleurs sur la rupture épistémologique qui consiste à passer de la collection des faits au concept que repose la science. Dans un autre domaine, la littérature et la poésie nous touchent, parce qu'elles utilisent le flou artistique que permet le langage abstrait. Le langage abstrait est idiosyncrétique. Chacun peut donc utiliser à plein ses propres chaînes d'associations personnelles et reconstruire ainsi lui-même sur mesure ce qu'il est en train d'écouter ou de lire.

La littérature qui nous touche est celle dans laquelle, consciemment ou non, nous projetons une part de nous-même. Mais lorsqu'il s'agit de communication quotidienne professionnelle ou personnelle efficace, celle qui consiste à énoncer des faits et qui doit déboucher sur des actes, *le langage à haute teneur en informations précises* est le type de langage le plus approprié à utiliser, celui qui permet une communication avec « plus de chair et moins de gras ».

DES METHODES POUR AMELIORER LA QUALITE DE L'INFORMATION

En étant attentif aux quatre domaines linguistiques présentés ci-dessous, on peut affiner un discours vague, en le dégraissant de ses significations superflues pour conserver uniquement les informations utiles. Ces quatre points sont extraits d'un modèle linguistique plus complet élaboré par Grinder et Bandler dans leur premier livre « Structure of magic » (1973). A chaque point correspond une ou plusieurs questions précises à poser. Ces questions fonctionnent un peu comme la bague des distances d'un appareil photo : en tournant celle-ci, on peut mettre au point progressivement la scène qu'on a cadrée, jusqu'à ce qu'elle soit nette.

1) LES NOMS

Les noms définissent des personnes, des choses ou des situations.

Dans une conversation, il arrive souvent qu'ils soient imprécis :

> — Nos vendeurs ont besoin de plus de formation (Quels vendeurs ? Tous ? De quel type de formation ont-ils besoin ?).
> — L'important, c'est la richesse (Quelle richesse ?).
> — Notre politique, c'est celle de la qualité (Qualité de quoi, précisément ?).

L'utilisation quotidienne de ce langage imprécis finit par exercer une véritable fascination hypnotique sur ceux qui l'emploient, en leur procurant l'illusion qu'ils parlent bien tous de la même chose, alors que, par exemple, chaque nom employé ci-dessus peut renvoyer à des éléments différents.

• Interventions conseillées

Quand intervenir ?
Lorsqu'un nom renvoie à plusieurs situations possibles.
Que faire ?

Utiliser la question « quel (nom) précisément — ou qui/quoi/lequel ou combien ?
— « J'en ai terminé avec ce travail. Je vais démarrer un autre projet ».
— « Quel autre projet ? »
— « Un projet plus intéressant ».
— « Mais quoi précisément ? »
Autre exemple.
— « Nos vendeurs ont besoin d'un complément de formation ».
— « Lesquels en particulier ? »
— « Les trois derniers arrivés ».
— « Sur quels points précis ont-ils besoin d'un complément de formation ? »

2) LES VERBES

Les verbes sont des mots qui indiquent une action. Tout comme les noms, ils peuvent aussi être source d'imprécision lorsqu'ils renvoient à plusieurs actions possibles. Dans ce cas, la question de leur précision est la même que pour les noms.

• Exemples :
    — « Nous allons diversifier nos investissements ».
    — « Et comment précisément ? Quelles sont vos idées là-dessus ? »
    — « La morale n'est pas ce qu'elle devrait être ».
    — « En quoi la morale n'est-elle pas ce qu'elle devrait être ? »
    — « Il faut améliorer notre relation avec les clients ».
    — « De quelle façon précisément ? »

Face à un nom ou un verbe vagues, il n'est parfois pas utile de poser une question de précision. Il est, par contre, conseillé de se souvenir que l'information était imprécise, quitte à y revenir plus tard s'il le faut. Parfois, notre interlocuteur peut spécifier de lui-même par la suite, ou il peut apparaître qu'un complément d'information n'était pas nécessaire.

3) LES GENERALISATIONS

« Tous, toujours, jamais, aucun, chacun, chaque fois, partout, nulle part... », la présence de l'un de ces mots dans une phrase nous indique que notre interlocuteur opère à ce moment-là sur la base d'une généralisation qui peut être fondée ou non.

• Exemples :
    — « Dans cette entreprise, je n'ai jamais été félicité sur la qualité de mon travail ».
    — « Chaque fois que je sors de chez le coiffeur, il pleut ».
    — « Tous les hommes sont des baratineurs ».

La généralisation est l'un de nos principaux mécanismes d'apprentissage. Après avoir appris à conduire une bicyclette, un enfant est capable d'étendre ce savoir-faire aux autres bicyclettes qu'il rencontrera plus tard. Aujourd'hui, lorsque nous voulons faire du vélo, nous disposons d'un programme d'action que nous utilisons automatiquement sans avoir à nous poser de questions.

Généraliser repose sur notre capacité à étendre ce qu'on a appris dans une expérience à toutes les situations appartenant à la même catégorie ou à des catégories voisines.

Bien qu'indispensable à notre vie, *c'est une faculté à double tranchant* : sur la base d'une ou de quelques expériences douloureuses avec l'un ou l'autre de ses parents, un enfant pourra, par exemple, tirer des conclusions négatives qu'il étendra à tous les représentants du même sexe et qui risquent de peser sur sa vie future.

La généralisation n'est pas l'apanage de l'enfance, nous généralisons à tout âge à partir de nos expériences de vie : « Ça ne sert à rien de te parler, tu ne m'écoutes jamais... », « Tous les garagistes sont des voleurs ».

• Interventions conseillées

Quand intervenir ?
Face aux mots listés ci-dessus, ou à d'autres à la signification équivalente.
Que faire ?
Reprendre le mot à la forme interrogative, ou un autre mot qui veuille dire la même chose, en insistant dessus.
— « Après avoir appris à ouvrir deux ou trois portes, un enfant est capable d'étendre ce savoir-faire à toutes les portes qu'il rencontrera plus tard ».
— « Toutes ? »
— « Non, peut-être, mais la plupart ».
— « Je n'ai jamais rencontré une postière aimable ».
— « Jamais ? »
— « Pas au bureau de poste de mon quartier en tout cas ».
— « Il n'y a pas une seule machine qui marche dans ce service ».
— « Vous voulez dire que pas une ne marche ? »
— « Si, mais la mienne et celle de Robert sont détraquées ».

Des expressions vagues comme « ils », « les gens » indiquent souvent aussi la présence d'une généralisation :
— « Les gens du service commercial pensent que nous ne sommes pas capables de tenir nos délais de fabrication ».

Dans cet exemple, on a le choix entre deux possibilités d'intervention :
— Faire préciser le nom : « Qui pense ça précisément ? »
— Pointer la généralisation : « Tous les gens de leur service pensent ça ? »

4) LES REGLES

« On doit, on ne doit pas », « Il faut, il ne faut pas », « Il est interdit de... », « On est obligé de », « on ne peut pas... »

Cette catégorie de mots — les linguistiques les appellent les « *opérateurs modaux* » — indique la présence d'une règle évidente ou implicite dans ce qui est dit. Les règles sont comme des barrières que nous érigeons autour de nous. Construites à bon escient, elles délimitent notre territoire et facilitent notre action. Lorsqu'elles n'ont pas de raison d'être, elles nous enferment inutilement.

• Exemples :
— « On ne coupe pas sa viande d'avance ».
— « Il n'est pas possible de produire plus de cet article ».
— « On doit absolument rendre ce rapport avant vendredi ».
— « Pas question d'accorder des emplois à temps partiel ».

L'intérêt d'une règle n'est pas éternel. Telle règle de conduite qui a eu son intérêt à un moment donné peut ne plus en présenter aucun aujourd'hui (à supposer bien sûr qu'elle en ait jamais eu). Dans l'organisation, se conformer à des règles obsolètes se paie en temps et en argent ainsi que tôt ou tard par une dégradation de la qualité des relations humaines. Lorsque la règle se transforme en grille derrière laquelle nous nous retrouvons enfermés, il est bon de se souvenir que, la plupart du temps, cette grille ne tire son existence que de nous-mêmes et qu'il ne tient qu'à nous d'y renoncer.

- Interventions conseillées

Quand intervenir ?

Face aux phrases contenant les expressions listées ci-dessus ou d'autres à la signification équivalente (« il est hors de question de », « impensable que... »).

Que faire ?

— « Qu'est-ce qui m'en empêche ? »
— « Que se passerait-il si je le faisais ? »

— « Pas question d'accorder des emplois à temps partiel ».
— « Qu'est-ce qui nous empêche ? » ou
— « Que se passerait-il si nous en accordions ? »

— « Nous ne pouvons pas baisser (augmenter) nos prix ».
— « Qu'est-ce qui nous empêche ? » ou
— « Que se passerait-il si nous le faisions ? »

— « Il est exclu de lui annoncer ça directement ».
— « Qu'est-ce qui nous empêche ? » ou
— « Que se passerait-il si nous le faisions ? »

Ces deux questions permettent de mettre à jour les causes ou les conséquences de nos comportements pour pouvoir ensuite disposer d'une base d'action plus logique. Comme les autres questions présentées avec ses points de repère, celles-ci ne sont pas à utiliser systématiquement, il suffit parfois de les avoir en tête. Nous déconseillons même leur emploi dans certaines situations :

— « Je regrette mais vous ne pouvez pas prendre vos vacances en juillet ».
— « Que se passerait-il si je les prenais quand même ? »

Nota : *Nous voudrions attirer votre attention sur le fait que ce modèle ne peut pas fonctionner comme un outil de confrontation psychologique, bien qu'il puisse se transformer ainsi, lorsqu'il est maladroitement utilisé. Son but, rendre précise l'information, n'est atteint que dans le cadre d'une relation de confiance entre les partenaires.*

D'autre part nous vous invitons à vous en servir personnellement, pour rendre plus efficace *l'expression de vos idées.*

Par exemple :
— Vos écrits pour y être « précis »...
— Vos interventions orales. Quelles sont vos dominantes ? nominalisations, verbes imprécis, généralisations, règles ?
— Votre dialogue intérieur...

C'est là une excellente façon de mettre en question les limites de vos propres cartes internes.

6 La technique de l'ancrage

« Robert, ingénieur expérimenté, entre, l'air fatigué, mal à l'aise, dans le bureau de son supérieur, M. Martin, avec qui il entretient de bonnes relations.

Martin très attentif, se lève et va à la rencontre de son interlocuteur. Robert entre tout de suite dans le vif du sujet : « Je travaille depuis six mois sur ce projet. J'y passe tout mon temps. Je ne pense plus qu'à ça. Jusqu'à soixante heures par semaine... Ma femme commence même à s'en plaindre sérieusement... et en plus je piétine..., je n'y arrive pas. Je ne débouche sur rien de bon... Tout cela me déprime ».

Pendant que Robert s'exprimait, Martin avait posé sa main sur l'épaule gauche de son interlocuteur : geste de réconfort, de soutien, d'attention, de prévenance... mais *geste* inscrit *dans* l'inter-action.

M. Martin décide d'avoir sur le champ un entretien approfondi pour résoudre le problème de cet excellent collaborateur. Effectivement, après une heure, cette entrevue s'avère très fructueuse : Robert retrouve moral, énergie, motivation. Il a recadré le problème et découvre des issues plus stimulantes. Il est très satisfait.

Son buste s'est redressé, ses épaules sont droites, ses gestes sont plus vifs que lors de son entrée dans le bureau. Martin se lève : c'est la fin de l'entretien. Lui aussi est satisfait : « Nous avons fait du bon travail ». Et, en prononçant ces mots, Martin pose à nouveau sa main sur l'épaule gauche de son interlocuteur : marque d'entente profonde, de complicité, signe affectif, etc. Mais le même geste que lors de l'entrée de Robert, lorsqu'il était déprimé.

Martin constate alors avec surprise que Robert s'affaiblit, d'abord imperceptiblement, puis de plus en plus franchement : ses épaules s'affaissent, sa voix redevient sourde, ses paroles sont de plus en plus hachées et il quitte le bureau pratiquement comme il y était entré, le corps lourd et le pas traînant.

Mais que s'est-il passé ? Qu'est-ce qui a provoqué, à la fin de l'entretien, une transformation aussi rapide de l'apparence externe de Robert ?

La cause : le geste inscrit dans l'inter-action, la main sur l'épaule gauche et son lien avec l'état interne vécu par Robert.

Martin a posé sa main alors que Robert lui décrivait — et donc vivait intérieurement — son problème et l'état de déprime que cela engendrait.

Quand M. Martin repose sa main au même endroit, et de la même façon, sans le savoir, sans le vouloir, il ressuscite l'état interne qui y était associé et compromet ainsi, en quelques secondes, toute la réussite d'un entretien d'une heure.

Ce phénomène « mystérieux » est ce qu'on appelle en P.N.L. une ancre. Et le principe qui l'anime, c'est *le réflexe conditionné.*

Comment transformer en technique utile et simple ce principe ?

Car l'un des meilleurs moyens d'éviter les gestes maladroits est de les rendre adroits. C'est le but de ce chapitre.

L'ANCRAGE EST UN PHENOMENE NATUREL

Nous le savons déjà, une main sur l'épaule peut produire des effets différents de ceux auxquels on pourrait s'attendre.

De la même façon, un mouvement, une situation, une intonation de voix, une mimique caractéristique sont aussi susceptibles de réveiller en chacun des émotions et des raisonnements qui deviennent *moteurs* dans la situation présente.

L'accent marseillais, par exemple, suscite immanquablement chez beaucoup de Français « du Nord » des réactions amusées, voire d'hilarité, gênantes parfois pour celui qui s'exprime et voudrait être pris au sérieux.

Tous les groupes, également, génèrent en leur sein des mots, des phrases, des slogans, des comportements chargés de susciter des réactions spécifiques : rires, colères, admirations, tristesses. Et ces mêmes stimulus utiilsés dans d'autres contextes, tomberont à plat.

Un dirigeant, selon les différentes manières qu'il aura de dire — ou de ne pas dire — « Bonjour » ou « Au revoir », suscitera des réactions spécifiques pour chacune des manières qu'il aura utilisées.

Par extension, on peut dire que tous les codes, comme le langage par exemple, fonctionnent selon les principes de l'ancrage (le code de la route, par exemple).

Nous pourrions multiplier les exemples, mais ce qu'il est important de noter pour l'instant concernant les ancres, c'est que chacun en pose et en reçoit comme Monsieur Jourdain faisait de la prose.

L'ancrage, qui s'inscrit imperceptiblement dans la vie quotidienne de nos relations, se banalise par sa fréquence. Par contre, il peut devenir un allié précieux pour ceux qui savent s'en rendre maîtres en le pratiquant à bon escient.

LA NATURE DES ANCRES

Une *ancre*, c'est *l'association qui s'instaure entre un stimulus* (par exemple une main sur l'épaule) *et la réponse suscitée* (état intérieur et comportements externes correspondants).

Il y a deux sortes d'ancres.

— *Les ancres positives*

Ce sont celles qui suscitent des états intérieurs agréables. Les ancres positives renforcent la confiance, l'assurance, la joie...

— *Les ancres négatives*

Ce sont celles qui provoquent des émotions, des états internes désagréables, gênants, vis-à-vis desquels on cherche à se prémunir par l'agressivité ou la fuite (passivité, inhibition).

L'exemple cité en introduction montre comment peut fonctionner négativement une ancre.

Les ancres peuvent également être classées en fonction du support dont on se sert pour les poser.

Ainsi, une ancre peut être :

● *VISUELLE*

— un geste de la main,
— un signal particulier,
— un froncement de sourcil,
— un déplacement du corps dans l'espace.

● *AUDITIVE*

— un cri,
— une parole répétée régulièrement — un mot particulier.
— un grattement de gorge,
— un coup de sifflet.

● *KINESTHESIQUE*

— une pression de la main,

— tout contact physique.

Les ancres positives sont, bien sûr, celles dont on tire le plus de profits. Elles sont utilisées pour renforcer les « bons moments » afin de pouvoir les susciter aux bons moments. Les ancres visuelles et auditives sont les plus commodes dans le cadre des relations entre professionnels.

COMMENT UTILISER POSITIVEMENT L'ANCRAGE ?

La technique de l'ancrage procède selon quatre phases :

1) CALIBRER

Pour réussir un ancrage, il est d'abord nécessaire de savoir ce que vous ancrez. Il est donc nécessaire d'être en état d'observation externe.

Ce que vous avez à observer, ce sont les signes, les comportements repérables qui serviront d'indices de l'état interne que vous voulez ancrer.

> Robert était entré déprimé. L'ensemble de ses comportements externes reflétait cet état : corps lourd, affaissé, pâleur de la peau, phrases saccadées, voix sourde... Martin ancre tout cela. Et quand, à la sortie, maladroitement, il réactive cette ancre, tous ces indices externes sont réapparus. Bien sûr, Martin ne savait pas... !
>
> S'il avait su, il aurait :
>
> a) calibré non-verbalement la tristesse de Robert,
>
> b) calibré non-verbalement la confiance revenue au cours de l'entretien,
>
> c) ancré de façon visuelle, auditive, ou kinesthésique — en mettant sa main sur l'*autre* épaule, par exemple — la confiance retrouvée et que lui, Martin, pouvait alors calibrer.
>
> Et, à la sortie, conscient de son action, il aurait pu réactiver cette ancre positive afin de renforcer la réussite de son entretien.
>
> Sans calibration, il ne peut donc pas y avoir d'ancrage fiable.

La calibration que vous ferez :

— avant,

— pendant,

— et après l'ancrage,

doit vous servir d'instrument de mesure, de repère, afin de vous permettre de savoir — et vous seul pouvez le savoir — :

1) ce que vous ancrez,

2) si votre ancre marche.

En effet, lorsque vous réactivez une ancre, vous devez retrouver intacts les indicateurs non-verbaux qui existaient lors de l'ancrage, et que vous avez calibrés.

2) CHOISIR LE CANAL DE PERCEPTION

Réussir un ancrage, c'est aussi savoir quelle ancre poser.

Nos représentations sont constituées d'éléments visuels, auditifs et kinesthésiques, certains de ces éléments les plus intenses de cette expérience, ceux que cette personne privilégie.

Pour réussir un ancrage, il est donc nécessaire de repérer avec précision le canal sensoriel privilégié par votre interlocuteur.

A partir de là, vous avez deux possibilités.

Ou vous ancrez dans le canal privilégié :

V → V   A → A   K → K

Ou vous ancrez dans un canal éloigné du canal principal :

V → A ou K   A → V ou K   **K → V ou A**

Cette deuxième solution est évidemment plus discrète, mais elle s'avère également plus efficace. En effet, l'efficacité d'une ancre augmente dans la mesure où elle est posée dans le canal sensoriel le plus éloigné du système de représentation actuellement privilégié par votre interlocuteur.

3) ANCRER DANS LA MONTEE DE L'EXPERIENCE

Poser une ancre avec justesse, c'est aussi choisir le moment opportun.

En l'occurrence, le critère de l'opportunité, ce sera *l'intensité des signes, des indices.* Cette intensité a tendance à évoluer selon une courbe de Gauss.

Lorsqu'une personne s'exprime, elle décrit une expérience interne. Entre le début de l'histoire et la fin, il y a des différences d'intensité dans l'expression. Il y a une montée, un point culminant, et une descente, annonciatrice de la fin.

Pour réussir un ancrage, le moment opportun se situe vers la fin de la montée de l'intensité, juste avant le point culminant.

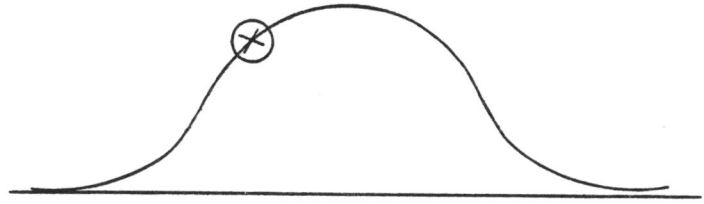

4) TESTER

Pour savoir si votre ancrage a pris, il est nécessaire de le tester.

Pour cela, reproduisez avec le maximum d'exactitude dans la forme, dans sa nature, dans sa qualité et, éventuellement, dans sa quantité, l'ancre, telle que vous l'avez posée. Vous devez alors retrouver la calibration exacte que vous avez effectuée lors de l'ancrage. Et ceci, quel que soit le temps écoulé.

Pour ancrer efficacement, il faut donc :

1) calibrer,

2) choisir le canal de perception qui servira de support à l'ancre,

3) intervenir dans la montée de l'expérience,

4) tester et vérifier l'ancrage.

POURQUOI ANCRER ?

Ancrer, c'est agir délibérément dans le but de fixer une réponse afin de la stimuler presque à volonté.

> Que l'on soit dirigeant, négociateur, vendeur, formateur... on recherche toujours une communication précise et de haute qualité. La technique de l'ancrage, bien utilisée, facilite l'émergence de cette qualité.
>
> Par exemple, un vendeur saura susciter des « Oui je suis d'accord », intermédiaires, les ancrer, et utiliser ces ancres au moment de la signature finale.
>
> Un formateur augmentera son efficacité s'il sait ancrer les moments de découverte et de réussite vécus par ses stagiaires pour utiliser ces ancres, devenues ressources, lorsqu'ils en ont besoin, lors de passages difficiles, éventuellement propices au découragement.

L'utilisation des ancres est sans limite, si ce ne sont celles de la créativité et de l'habileté de celui qui les pose ainsi que de sa cohérence par rapport aux buts qu'il poursuit.

Car, immanquablement, on en vient à penser *manipulation* et *assujettissement des personnes.*

Oui, ancrer c'est influencer délibérément les autres.

Tout le monde influence, chacun à sa façon. Mais chaque personne est, par ailleurs, souvent fort peu consciente de la nature et de l'étendue de l'influence qu'elle peut exercer sur son environnement.

Alors, la vraie question devient : *Quel type d'influence je veux exercer et pour quels résultats ?*

L'efficacité de l'ancrage va de pair avec la cohérence de votre influence : les ancres renforcent positivement une influence positive et, de ce fait, libèrent l'énergie positive nécessaire à toute communication utile.

Comme vous pourrez donc le constater avec un peu de pratique, la technique de l'ancrage est un moteur puissant d'amélioration de l'efficacité des relations, dans la mesure où elle est utilisée :

— *avec pertinence* : lorsqu'il y a adéquation entre les résultats recherchés, les interlocuteurs et la situation ;

— *avec précision* : ceci concernant la justesse, l'élégance, la finesse, la discrétion de la mise en place et de l'utilisation des ancres ;

— *avec intégrité* : ceci impliquant la nature, la qualité et la cohérence du contenu des buts poursuivis.

A titre d'exemple on peut citer K. Blanchard et S. Johnson, auteurs d'un ouvrage américain sur le management : le « Manager Minute » (1). Dans ce livre, ils proposent trois idées clés qui doivent permettre à des personnes de travailler ensemble avec plus d'efficacité, tout en se sentant valorisées au sein de leur entreprise et à l'aise avec leurs collègues. On retrouve, au fil de leurs conseils l'illustration des principales ressources de la P.N.L. : observation, fixation d'objectifs, ancrage...

---

(1) Editions France-Amérique.

1 — DES OBJECTIFS PRECIS POUR CHACUN

Pour cela :

a) se mettre d'accord sur les objectifs,

b) définir les moyens de les atteindre,

c) consacrer régulièrement un moment à leur évaluation,

d) vérifier que la méthode choisie permet d'atteindre l'objectif.

2 — LE COMPLIMENT « MINUTE »

Surprenez vos collaborateurs en train de faire quelque chose de bien et félicitez-les sur le champ.

Pour cela :

a) leur dire précisément ce qu'ils viennent de faire de bien et leur dire à quel point vous êtes satisfait de leur travail, tout en les regardant (ancre positive auditive et visuelle) et garder le silence un instant pour les laisser éprouver cette marque d'attention (kinesthésique interne positive) ;

b) leur serrer la main ou les toucher de façon à leur faire clairement comprendre que vous favorisez leur ascension au sein de l'entreprise (K externe positif).

3 — LE REPROCHE « MINUTE »

Lorsque la personne commet une erreur :

Première phase :

a) lui dire sur le champ, en expliquant de façon précise ce qui ne va pas (Ancre A) ;

b) lui dire sans équivoque ce que vous ressentez à ce sujet, et rester silencieux un instant pour qu'elle l'éprouve elle aussi (K interne négatif).

Deuxième phase :

a) lui serrer la main ou la toucher de façon à lui faire comprendre que vous êtes sincèrement de son côté (donc restimuler l'ancre positive) mais lui dire que vous n'avez pas apprécié son manque de vigilance ;

b) considérer que l'affaire est close et ne pas y revenir.

On retrouve ici trois des notions présentées dans ce chapitre. On y voit bien également dans les idées 2 et 3 des exemples d'utilisation de l'ancrage positif et négatif (ce que dans ce cas les comportementalistes appelleraient du renforcement et les analystes transactionnels des marques d'attentions — strokes — conditionnelles positives et négatives), ainsi que l'utilisation qui est faite des trois principaux canaux sensoriels.

D'après *Le Manager Minute*
K. Blanchard et S. Johnson
Ed. France-Amérique.

Troisième Exposé

L'UTILISATION
DES RESSOURCES PERSONNELLES

Chaque individu fait l'expérience de difficultés et de limitations dans certains domaines de sa vie. C'est ainsi simplement parce que nous sommes vivants. Chacun est également dépositaire de l'ensemble des apprentissages et des ressources qu'il a accumulé tout au long de sa vie.

Dès notre naissance, nous apprenons et cette extraordinaire quantité de savoir-faire acquis est disponible, stockée dans notre cerveau et dans notre système nerveux.

Pour la P.N.L., une personne possède déjà les ressources dont elle aurait besoin, même si elle ne sait pas toujours comment les utiliser. La majeure partie de nos difficultés répétitives et de nos limitations peut être changée si nous apprenons comment accéder délibérément aux ressources qui nous seraient utiles dans ces situations.

La personne qui repense après coup à la façon dont elle aurait pu mieux faire face à une situation possède donc les représentations internes requises pour mieux gérer la situation en question. Le tout est de savoir comment les mettre en œuvre quand elle en a besoin.

Celui qui réagit à différentes situations par de la nervosité a déjà eu l'occasion de vivre des moments de calme, ne serait-ce que lorsqu'il se relaxe devant sa télévision. Cet état interne de « relaxation » peut être suscité et connecté aux situations dans lesquelles l'individu réagissait auparavant par de la nervosité.

De la même façon, la plupart des états internes vécus comme coinçants, (indécision, dépression, anxiété, timidité, compulsions, phobies...) peuvent être traités rapidement et remplacés par d'autres états plus fonctionnels.

Virtuellement, chaque ressource psychologique dont nous avons besoin est déjà enregistrée quelque part dans notre mémoire.

Qu'y a-t-il à faire, alors ? Aller chercher cette ressource là où elle est et la connecter là où on en a besoin.

En matière de changement, la stratégie proposée par la P.N.L. ne consiste donc pas à analyser les raisons psychologiques d'une difficulté, ni de tenter d'en mettre à jour une possible origine historique, mais *à montrer à l'intéressé comment prendre appui sur ses ressources pour changer.*

44

Cette stratégie d'utilisation des ressources personnelles s'applique à deux domaines particuliers :

— prendre appui sur ses ressources pour dépasser une limitation personnelle ;

— élargir son répertoire de comportements ou faire encore mieux ce qu'on fait déjà bien.

Nous présentons dans les pages qui suivent plusieurs procédures d'interventions s'appliquant à ces deux domaines.

Ces techniques de changement reposent sur une idée simple : si les êtres humains tournent en rond dans certains problèmes, ce n'est ni par plaisir, ni par volonté d'échec, mais simplement parce qu'ils ne savent pas comment faire autrement.

Le comportement d'une personne est cohérent avec *le modèle du monde* qui le sous-tend. Nous pensons même qu'étant donné sa vision du monde et les généralisations à partir desquelles elle opère, une personne fait les choix parmi ceux dont elle est consciente. Lorsqu'elle élargit sa vision du monde, son comportement change aussi. Dans le domaine où il est à l'étroit, l'individu fonctionne sur la base d'une carte mentale appauvrie qui ne lui permet pas d'autres options. Qu'on l'aide à enrichir cette carte, et il adoptera les nouvelles options qu'elle permet si celles-ci sont cohérentes avec son équilibre global.

Pour l'aider à accomplir cela, nous lui montrons comment puiser dans les domaines où il utilise déjà les ressources nécessaires à ce changement.

1 S'appuyer sur ses ressources pour dépasser une limitation personnelle

LE CHANGEMENT PAR LA DESACTIVATION DES ANCRES

« Assertif, centré, triste, coincé, compétent, excité, attentif, dépressif, neutre, joueur, agressif, confiant... », autant de mots pour désigner des états internes différents.

Si nous laissons de côté l'étiquette linguistique « assertif, coincé... » pour nous intéresser à l'expérience à laquelle cette étiquette renvoie, nous nous apercevons qu'une expérience se compose d'un ensemble d'éléments V, A, K et O, principalement des sensations corporelles et des émotions, des postures et des expressions de visage (schémas sensori-moteurs, des images, des pensées et des croyances (A).

Ces états internes sont faits de V.A.K.O. spécifiques qui caractérisent l'expérience vécue par une personne à un moment donné et délimitent le territoire de cette expérience. C'est d'ailleurs là tout ce que nous pouvons connaître du monde : l'expérience et les constructions que nous en faisions. Le travail de *désactivation d'ancre* consiste à neutraliser le souvenir d'une expérience négative en utilisant pour cela la force d'une expérience positive qu'on va lui opposer.

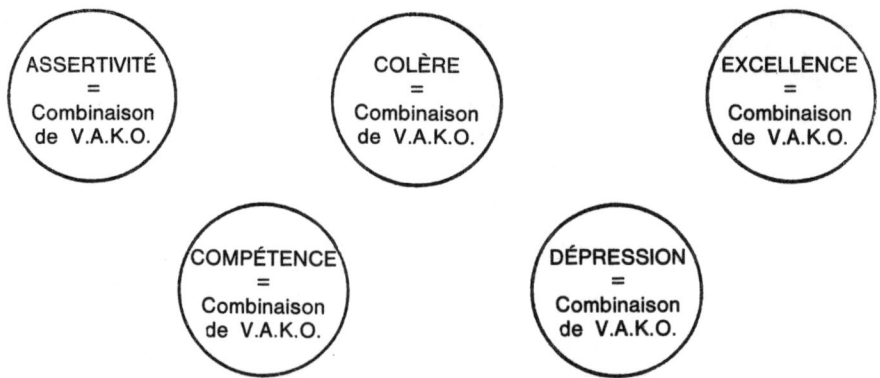

Dans ce travail de changement, l'intéressé sera invité à choisir dans son stock d'expériences une situation dans laquelle il se sent à l'étroit. Cette situation à traiter peut être dérangeante pour plusieurs raisons.

— *Elle peut être une situation passée,* mais son souvenir demeure déplaisant. Quand la personne y repense, elle réagit par un malaise.

> C'est le cas d'André. Il se souvient d'une réunion qu'il a eu du mal à animer. Celle-ci s'est terminée de façon houleuse. Plusieurs participants étaient mécontents. Quand il y repense aujourd'hui, il se sent de nouveau contrarié.
>
> Bien que depuis, il ait animé avec succès d'autres réunions, il éprouve souvent une appréhension lorsqu'il en démarre une nouvelle et se sent parasité par cet ancien souvenir.

— *La situation à traiter peut être aussi un comportement ou une attitude habituelle et répétitive* qui ne convient pas à la personne.

> André explique qu'il est trop impulsif et coléreux, ce qui occasionne des difficultés avec ses collègues. Il supporte mal la controverse. Dès qu'il se sent critiqué, il se raidit et devient agressif. Ceux-ci le considèrent par ailleurs comme quelqu'un de chaleureux et de compétent.
>
> « Je sais que c'est un comportement automatique, mais je ne m'en rends compte qu'après coup et je ne sais pas comment éviter ça. Ce que je voudrais, c'est prendre le temps d'écouter les avis des autres quand ils sont différents du mien, en me sentant ouvert et confiant en moi ».

Quand la personne a choisi la situation qu'elle veut traiter, nous lui demandons de sélectionner dans son stock d'expériences, le souvenir d'un « état ressource ». Puis nous lui montrons comment utiliser cet état pour désactiver l'expérience problématique.

Voici en quoi consiste la technique (elle est à pratiquer à deux personnes).

1) *Identification et expérimentation de l'« état de limitation ».*

> Choisissez l'expérience que vous voulez traiter. Recréez-la en imagination de façon à en refaire l'expérience maintenant, « comme si vous y étiez » (voyez ce qu'on voit lorsqu'on est dans cette situation, entendez ce qu'il y a à entendre, et, de nouveau, ressentez ce que vous éprouvez dans ces cas-là). Lorsque vous êtes en contact avec l'émotion inconfortable, signalez-le à votre partenaire en levant l'index de la main droite. Celui-ci va alors poser sa main sur votre main gauche ou votre genou, et maintenir une pression pendant une quinzaine de secondes. Ce contact est une ancre associée à votre expérience interne.

Pendant qu'il met fin progressivement à ce contact, vous pouvez vous relaxer et laisser la scène s'estomper.

Répétez la même procédure trois fois.

2) Identification et expérimentation d'un « état ressource ».

Pensez à l'une des situations les plus plaisantes, les plus intenses que vous connaissez, et faites-en l'expérience intérieurement « comme si vous y étiez ». Quand vous êtes pleinement en contact avec les sensations et les émotions liées à cette expérience, signalez-le à votre partenaire en levant l'index de la main gauche. Celui-ci va alors poser son autre main sur votre main ou votre genou gauche. Ce contact sera l'ancre associée à cette expérience positive.

Répétez la même procédure trois fois.

3) Neutralisation du sentiment déplaisant.

Votre partenaire va maintenant stimuler les deux ancres en même temps, en maintenant la pression de ses mains pendant au moins trente secondes. La ré-expérimentation simultanée de ces deux expériences antagonistes va neutraliser le sentiment désagréable.

4) Vérification

Repensez à la situation problématique pour vérifier que vous n'éprouvez plus le sentiment déplaisant. Si vous le retrouvez, ou en partie, répétez de nouveau l'expérience jusqu'à sa disparition.

5) Intégration dans le futur

Projetez-vous mentalement et voyez-vous en train d'agir à l'aise dans la situation en question. Eventuellement, projetez-vous dans deux ou trois situations semblables à venir.

COMMENTAIRES

L'utilisation des ancres permet de susciter l'irruption simultanée de deux représentations antagonistes. Or, nous ne pouvons concevoir qu'une expérience à la fois. Ce télescopage de deux ensembles de représentations aboutit à la création d'une troisième configuration distincte des deux premières.

Lors du choix de l'expérience positive, il sera nécessaire de s'assurer que celle-ci est vécue comme au moins aussi intense que la négative.

Si la situation désactivée est une situation à répétition, comme c'était le cas d'André et de son comportement agressif, il se peut que transformer une seule situation alors que la personne en possède une chaîne entière, ne suffise pas à obtenir un changement d'attitude. Dans un cas comme celui-ci, il est approprié de sélectionner trois ou quatre expériences antérieures situées sur la même chaîne et de les transformer selon la même technique.

Dans cette procédure de travail reposant sur le principe de l'inhibition réciproque, outre la synchronisation et l'ancrage, l'intervenant sera attentif à la calibration « avant » et « après » pour s'assurer de la qualité du résultat obtenu.

Cette technique d'évolution personnelle, comme les suivantes, est utilisable dans des séminaires de formation aux relations humaines comme elle l'est aussi en thérapie. C'est la nature des contenus abordés qui fait la différence.

Lorsqu'elle est appliquée dans le cadre de la formation aux relations humaines, il appartiendra à l'animateur de vérifier que les contenus traités sont appropriés au cadre de son intervention et ne débordent pas les limites de celui-ci

LA DISSOCIATION SIMPLE

C'est une autre technique permettant de traiter le même genre de limitation que la technique précédente.

Celle-ci est à utiliser de préférence lorsqu'il s'agit de dépasser une situation dans laquelle la composante émotionnelle est particulièrement vive. C'est notamment la technique d'élection lorsqu'il s'agit de traiter les problèmes s'apparentant à des réactions phobiques, de la peur du téléphone à celle des voyages en avion, en passant par celle des ascenseurs, de la prise de parole en public ou de la négociation de votre salaire avec votre directeur.

Pour comprendre le principe de fonctionnement de la technique, il est utile de faire la distinction entre « état associé » et « état dissocié ». Pour faire cette différence vous-même, sélectionnez un souvenir agréable, un souvenir de vacances par exemple. Vous allez pouvoir le revivre de deux façons.

1) ETAT ASSOCIE : ETRE DANS L'EXPERIENCE

Voyez de nouveau ce qui se passait dans cette situation quand vous y étiez. Vous allez revivre la scène du point de vue de l'acteur que vous étiez à ce moment-là. Revoyez ce qu'il y avait à voir, le lieu et les gens qui vous entouraient, les objets... Entendez de nouveau ce qu'il y avait à entendre, ce que vous exprimiez, ce que les autres disaient... En revivant cela, vous re-trouvez également, au moins en partie, les sensations et les émotions que vous éprouviez à ce moment-là. Vous redevenez l'acteur que vous étiez. Vous êtes dans l'expérience.

2) ETAT DISSOCIE : ETRE HORS DE L'EXPERIENCE

Vous avez également la possibilité de conduire la réminiscence de ce souvenir agréable en restant mentalement extérieur à la scène. Vous devenez ainsi spectateur de ce que vous faisiez et de ce qui se passait alors.

Vous pouvez donc revoir ce souvenir comme un film sur un écran, sans l'habiter. Le comportement de ce personnage que vous visualisez là-bas sur l'écran est donc indépendant de ce que vous ressentez maintenant. Ce que vous éprouvez maintenant est lié à la situation présente dans laquelle vous vous trouvez et non pas à la scène qui se déroule là-bas.

Vous êtes à l'extérieur de cette représentation.

La technique de dissociation repose sur le constat de l'existence de ces deux types de processus mentaux. Pour reprendre, par exemple, la situation de peur vis-à-vis de la prise de parole en public, le seul fait de penser à la situation suscite un malaise chez la personne souffrant de cette limitation, ce qui s'explique par un circuit V → K-.

Intérieurement, elle se voit dans la situation et retrouve du même coup les émotions déplaisantes attachées à cette situation. Dans ce cas les processus mémoriels suivent la logique de l'association. La personne est dans la situa-tion et revit intensément en tant qu'acteur les désagréments vécus dans les situations antérieures de prise de parole en public.

L'intervention consiste donc à conduire la personne hors de l'expérience en l'amenant à l'observer en spectateur.

Voici les principales phases de la technique de dissociation simple.

1) *Identifier la situation à traiter et ce qui la déclenche*

Quel est l'élément externe, visuel ou auditif, qui déclenche la réaction de malaise ? Pour le partenaire qui intervient, l'écoute des prédicats, l'observation des mouvements des yeux lors de la phase initiale du recueil d'informations concernant le problème efficacement sur la nature du déclencheur du malaise.

Contrairement à la technique précédente, il est inutile de recréer cette expérience, ce qui risquerait de ramener inutilement l'émotion pénible.

2) *Identifier et expérimenter un « état-ressource »*

Pour réaliser une dissociation de façon confortable, installez-vous dans un état interne positif de confiance et de sécurité. Comme dans l'expérience précédente, vous pouvez penser à l'une des situations les plus plaisantes, les plus intenses que vous connaissez, et en faire l'expérience intérieure (comme si vous y étiez), ou préférer expérimenter une situation correspondant à un état de relaxation ou de confiance en soi. Cet état-ressource est ancré par votre partenaire.

3) *Revoir la situation perturbante à partir de la position dissociée*

Tout en restant dans l'état-ressource — votre partenaire vous y aide en maintenant l'ancre associée à cet état, par exemple une main sur l'épaule — imaginez devant vous, là-bas, un écran sur lequel vous allez voir se dérouler le film de la situation que vous êtes en train de traiter. Le point de départ de ce film sera le déclencheur identifié précédemment.

Prenez le temps de voir ce film se dérouler là-bas pendant que vous restez confortablement installé ici dans votre fauteuil.

C'est pendant cette phase qu'opère la dissociation. L'image et son déclencheur sont séparés de l'émotion. La réaction K est décrochée et remplacée par une autre.

Nota : *Pendant cette phase, l'intervenant doit être attentif à ce que le sujet reste extérieur à l'image projetée. Si la personne se sent de nouveau contaminée par le sentiment lié à ce qu'elle voit sur l'écran, lui demander d'éteindre un moment cet écran et prendre du temps pour l'aider à se ré-installer dans « l'état-ressource ». Pour diminuer encore une éventuelle appréhension, lui demander d'éloigner l'écran dans l'espace jusqu'à une distance confortable pour elle. Puis reprendre l'expérience.*

4) *Vérification*

Repensez à la situation problématique pour vérifier que vous n'éprouvez plus le sentiment déplaisant. Si vous le retrouvez ou en partie, répétez de nouveau l'expérience jusqu'à sa disparition.

5) *Intégration dans le futur*

Il s'agit d'établir un pont avec l'avenir. Pour cela, projetez-vous dans une situation future semblable à celle traitée. Eventuellement projetez-vous dans deux ou trois situations semblables à venir.

2 Elargir son répertoire de comportements

Avec l'ancrage, on peut associer un stimulus externe à une réponse interne. En utilisant cette capacité d'association, il est possible de créer un lien entre un contexte donné et les ressources qui seraient nécessaires dans ce contexte. C'est le contexte lui-même qui devient alors le déclencheur de l'état interne souhaité.

Plus on a de choix, mieux ça vaut. De nombreuses difficultés ne viennent pas de ce qu'un individu n'aurait pas le « bon » comportement, *mais n'en a pas suffisamment à sa disposition.*

Ainsi il est utile de pouvoir disposer pour soi de quelques états-clés tels que relaxation, assertivité, confiance en soi, attention tournée vers l'extérieur (branché externe) disponible à volonté.

LA TECHNIQUE DE L'ANCRAGE DES RESSOURCES

Elle peut être pratiquée seule. Lorsqu'elle est pratiquée par deux, le partenaire donne les instructions pas à pas et calibre « avant » et « après ».

Voici les principales phases de la technique.

1) *Choisissez le contexte dans lequel vous voulez élargir votre répertoire de comportement.*

> Quelle est (Quelles sont) la — ou les — situations (s) dans laquelle vous voulez disposer de nouveaux comportements ?

2) *Sélectionnez la ressource dont vous voulez disposer et expérimentez-la.*

> Sélectionnez la ressource interne dont vous voulez disposer et cherchez dans votre mémoire un souvenir récent ou passé d'une situation dans laquelle vous expérimentiez cet état interne.

> Faites l'expérience de cette situation « comme si vous y étiez » associé. Lorsque vous êtes pleinement en contact avec sa dimension kinesthésique, fermez progressivement l'une de vos mains. Plus vous êtes en contact avec l'expérience, plus vous fermez le poing. C'est le poing fermé qui va devenir votre ancre.

> Répétez l'expérience trois fois pour vous assurer de cette connexion.

3) *Vérification*

> Vérifiez que lorsque vous fermez le poing, cela vous aide à ré-expérimenter l'état-ressource. Chez certains, l'entrée dans cet état est instantanée. D'autres s'y réorientent progressivement.

4) *Intégration dans le futur*

> Projetez-vous mentalement dans les jours ou les semaines à venir, dans la ou les situations dans lesquelles vous voulez disposer de cette nouvelle attitude.

ACQUERIR UN NOUVEAU COMPORTEMENT
POUR FAIRE MIEUX CE QUE L'ON FAIT BIEN

La procédure suivante est une variante plus élaborée de la précédente. Elle permet aussi d'acquérir des comportements nouveaux ou de faire mieux ce qu'on fait déjà bien.

Pour celui qui n'aurait pas d'expérience personnelle pouvant servir de référence au nouveau comportement à acquérir, elle offre un moyen d'intégrer celui-ci par un biais différent.

Voici les cinq points-clés de cette technique pour générer des nouveaux comportements.

1) *Sélectionnez le comportement que vous voulez changer et, de l'extérieur, voyez-vous sur un écran ayant ce comportement.*

Le but de ce premier pas est d'observer de façon spécifique ce qui ne vous convient pas dans ce comportement. Plus votre observation repose alors sur des bases sensorielles précises, plus aidante elle sera.

Qu'y a-t-il qui ne vous convienne pas dans votre posture, vos expressions de visage, vos mouvements ? Et dans le contenu de ce que vous dîtes, ou le ton de votre voix... ? Quoi d'autre ?

Cette observation se fait à partir d'un point de vue extérieur à la scène. C'est un film que vous observez dans un état de dissociation V/K, ce qui évite d'éprouver éventuellement un inconfort qui serait associé à cette scène.

2) *Quel autre comportement/réaction préféreriez-vous avoir dans cette situation ?*

Avec autant de précision que dans la phase 1, réfléchissez à ce que vous voulez faire à la place : comportement, posture, expression du visage, discours, ton et rythme de la voix, etc.

3) *Voyez-vous mettant en œuvre ce nouveau comportement.*

Toujours extérieur à la scène, dans un état de dissociation V/K, voyez-vous, là-bas, sur l'écran, ayant le nouveau comportement que vous souhaitez. Est-ce complètement satisfaisant pour vous ? Si la réponse est non, procédez par ajustements successifs jusqu'à voir ce que vous voulez exactement.

4) *Installez le nouveau comportement*

Le moment est venu de vivre ce nouveau comportement de l'intérieur. Pour cela, mentalement, passez dans le film pour y rajouter la dimension kinesthésique, et vivez cette situation.

Est-ce satisfaisant, vécu de l'intérieur ? Un comportement qui semble enthousiasmant vu de l'extérieur n'est pas nécessairement vécu avec autant d'aise lorsqu'on est dedans.

Si vous n'êtes pas totalement satisfait de cette expérience, repartez aux étapes 2 et 3 et procédez de nouveau par ajustements successifs jusqu'à ce que le vécu soit satisfaisant.

5) *Intégration dans le futur*

Projetez-vous mentalement dans deux ou trois situations à venir. Qu'y a-t-il à voir, à entendre et à ressentir dans ces situations ? Ce sont ces éléments sensoriels précis, ceux qui déclenchaient l'ancien comportement, qui vont maintenant déclencher celui-ci. Une fois identifiées, placez-vous dans ces situations et expérimentez vos nouvelles réactions.

51

Si vous n'avez pas d'idées concernant la phase 2 : « quel autre comportement/ réaction préféreriez-vous avoir dans cette situation ? », vous pouvez procéder de la façon suivante.

— Demandez-vous si dans votre passé vous avez déjà rencontré des situations vis-à-vis desquelles vous avez réagi de façon particulièrement intéressante pour le domaine que vous voulez traiter maintenant. Si la réponse est oui, mettez cette ressource à jour et reprenez la procédure de travail.

— Si la réponse est non, vous pouvez encore vous choisir un modèle : qui saurait faire face à cette situation d'une manière efficace, appropriée et élégante ?

Il n'est pas nécessaire que vous connaissiez personnellement ce modèle qui peut, d'ailleurs, être une personne réelle ou fictive — un héros de roman ou de cinéma.

Nous apprenons aussi bien par identification à des personnages fictifs que réels, et une représentation interne est en tant que telle aussi aidante — ou limitante —, qu'elle réfère à un personnage réel ou non.

Lorsque vous avez choisi un modèle, vous allez parcourir une séquence en quatre étapes qui vous permettra d'incorporer le comportement de celui-ci dans votre propre répertoire.

Pour cela.

a) Voyez et entendez sur votre écran ce modèle en train d'agir dans la situation concernée.

b) Demandez-vous si c'est exactement ce comportement que vous voulez acquérir. Si la réponse est non, procédez de nouveau par ajustements successifs ou changez de modèle.

c) Si la réponse est oui, toujours dissocié, substituez votre visage et votre voix à ce personnage que vous voyez agir sur l'écran. Après vous être vu et entendu dans cette situation, demandez-vous si vous voulez toujours acquérir ce comportement ? Si non, procédez de nouveau par ajustements successifs jusqu'à ce que le comportement soit approprié et vous convienne vraiment.

d) Enfin, passez dans la scène pour l'expérimenter de l'intérieur. A ce point, la procédure de travail rejoint celle décrite ci-dessus, quatrième étape.

Les techniques décrites dans cet exposé permettent de traiter avec efficacité une large part des difficultés quotidiennes que l'on peut rencontrer.

Pour s'assurer de leur succès, il est important d'être *précis* quant à l'objectif poursuivi et d'être *méthodique* dans le suivi pas à pas des procédures décrites.

Le changement dépendra en grande partie de la capacité qu'aura le sujet de s'immerger dans les situations « *ressources* », et plus précisément d'en éprouver la dimension *kinesthésique*.

La ou les techniques habituelles de visualisation ne changent que l'image, et sont parfois décevantes car lorsque la personne se trouve de nouveau « in situ », elle retrouve également les sentiments pénibles qui, eux, restaient inchangés, les techniques présentées ici visent, elles, à reprogrammer la dimension kinesthésique. C'est en effet dans la modification de celle-ci que réside « *la différence qui fera la différence* ».

Nous vous conseillons également de disposer de l'aide d'un partenaire qui vous guidera pas à pas en vous énonçant les consignes, ce qui permet d'avoir l'esprit disponible pour l'expérience. Votre guide se fiera aussi, d'instant en instant, à ce qu'il observe et calibre, et pourra ainsi vous guider sur mesure dans chacune des étapes à parcourir.

Utilisées ainsi, ces techniques permettent d'obtenir des changements personnels significatifs d'une façon agréable et rapide.

TROIS APPLICATIONS DE LA P.N.L. AUX RELATIONS PROFESSIONNELLES

1 Vendre une idée, un produit, un service

Qu'il s'agisse de « vendre » une idée, une candidature à un employeur, ou un lieu de vacances à son conjoint, les professionnels de la vente savent bien que les mécanismes de persuasion mis en œuvre dans tous les cas de figures, sont les mêmes que ceux dont ils se servent pour déclencher l'acte d'achat du produit qu'ils proposent.

Nous allons donc traiter spécifiquement de la *vente,* tout en sachant qu'il s'agit d'une situation quotidienne, vécue par tous, indispensable à la vie collective.

Nous appellerons « *vente* » une rencontre au cours de laquelle il s'agit d'offrir un produit ou un service qui doit s'adapter précisément aux besoins et aux désirs du demandeur. Dans cette situation, quelle qu'en soit la procédure — entretien, démarchage, correspondance... —, la qualité de la communication joue un rôle capital.

Nous ne chercherons pas à être exhaustif, car il y a déjà dans ce livre des techniques de communication directement transférables et sur lesquelles nous ne reviendrons pas. Chacun peut les intégrer au mieux aux techniques qu'il pratique déjà. Avec la P.N.L., dans la vente comme ailleurs, il n'est pas nécessaire d'effacer, de rejeter ce que l'on sait faire, mais au contraire, de *partir des performances obtenues afin de les développer et de les améliorer.*

Nous chercherons surtout à souligner quelques dimensions propres à ce type de relations, ayant trait notamment à l'argumentation et aux objections.

CONDUIRE L'IMAGINATION DU CLIENT

Lorsque, client, vous choisissez un vêtement, vous l'essayez. Et, pendant que vous regardez votre image dans le miroir, une partie de votre observation est centrée sur le vêtement : forme, couleur, coupe, adaptation à votre corps, qualité du tissu... Mais une autre partie de vous, plus importante, vous projette, ainsi vêtu, dans le futur plus ou moins proche, dans d'autres lieux, au contact de personnes que vous connaissez, à la recherche des réactions que vous pourriez susciter.

Tout achat, donc, est aussi acquisition *d'une projection imaginaire dans l'avenir* :

— un vêtement : un « look », une manière d'être avec les autres,

— une chaîne HIFI : une certaine qualité d'écoute,

— du mobilier : un certain confort intérieur,

— une voiture : utilité, vitesse, puissance, image sociale...

Etre acheteur, c'est rêver... et c'est vrai même pour l'acheteur professionnel : il imagine les compliments qu'il pourrait recevoir pour la réussite de l'affaire qu'il est en train de traiter, ainsi que la nouvelle influence qui en découlerait.

L'un des rôles du vendeur sera donc de *conduire cette « rêverie »* avec précaution et intégrité :

— en utilisant tout d'abord la *synchronisation* pour établir un contact solide avec son client,

— en s'informant avec *précision* de la nature du besoin qui motive son client, et en s'assurant qu'il peut y répondre,

— en harmonisant et en conciliant les *objectifs* : le sien et celui de son client,

— en ayant toujours à l'esprit que « manipuler » — ne pas tenir compte de l'objectif du client —, « forcer » une vente, suscitent presque automatiquement l'irruption de *ressentiments,* de *récriminations, de remords, voire de revanche* (loi des quatre « R »).

Pour le vendeur efficace, la tâche consiste donc à *aider le client à imaginer son futur.*

Il s'agit d'amener le client à « se voir » en train de conduire sa nouvelle voiture, par exemple, à voir les paysages défiler, à « entendre » le moteur ronronner et réagir en souplesse à la moindre sollicitation, à s'entendre dire, dans son dialogue interne, combien il est satisfait de son achat, à « ressentir » le confort agréable des sièges après plusieurs heures sur la route.

> Le vendeur devient *le scénariste de la projection mise en scène par son client* : « C'est le mois de juin, et il fait beau. Imaginez que vous roulez dans la campagne... ; devant vous, un camion suivi de deux autres voitures et juste une courte ligne droite dégagée... un geste souple, vous déboîtez, vous effleurez l'accélérateur de votre pied droit et vous entendez le moteur rugir... vous sentez votre dos se plaquer contre le dossier du siège... et quelques secondes plus tard, la voiture revenue sur la droite, vous regardez dans le rétroviseur, et vous voyez, là-bas, déjà loin, la file que vous venez de dépasser, et vous vous dîtes alors : c'est bien agréable, la puissance et la souplesse ».

Nota : *Ce type de procédé est utilisé par les publicitaires pour les brochures et les spots télévisuels. Elle doit être employée de façon dosée au cours de l'entretien de vente proprement dit.*

Quoi qu'il en soit, le vendeur doit offrir des éléments qui permettront au client de trouver intérieurement des réponses aux questions visuelles, auditives et kinesthésiques qu'il se pose :

> — quelle image de moi-même vais-je donner aux autres ?

— quelles images les autres vont-ils avoir de moi ?

— est-ce que cette image correspond à celle que je voudrais offrir, et comment lui correspond-elle (un peu, beaucoup, tout juste, tout à fait...) ?

— qu'est-ce que j'aimerais m'entendre dire à propos de cette nouvelle acquisition ?

— quel sera mon dialogue interne ?

— qu'est-ce que les autres vont me dire ?

— quelles sont les sensations agréables que me procurera la possession de ce produit ?

— quelles impressions vais-je susciter chez les autres ?

Le discours du vendeur se fait alors *guide* : il permet au client de se projeter intérieurement un film vivant, coloré et sonore dont il est le héros principal.

Ce discours doit être à la fois :

— suffisamment précis pour jouer avec efficacité sa fonction de guide,

— suffisamment flou pour ne pas envahir et gêner la mise en scène effectuée par le client.

Pour y réussir, il semble qu'il faille être précis et rigoureux dans l'ordre d'utilisation des systèmes de représentation (ordre déterminé par celui du destinataire) et relativement flou dans la mise en place des détails contenus dans la représentation.

Par ailleurs, l'emploi du présent de l'indicatif s'impose. Le client doit « réellement », concrètement s'installer dans le futur. A cette phase de l'argumentation, il ne s'agit pas de faire semblant, de rester extérieur à la situation... mais au contraire, d'y entrer comme acteur. Seul, le présent de l'indicatif conduit le client à être totalement dans la peau de celui qui profitera de ce nouveau produit.

Enfin, il est préférable de pratiquer ce type de technique sur des périodes de temps assez brèves. Plutôt des « spots » que des longs métrages. L'efficacité commande de procéder par séquences variées, rapides et bien adaptées au destinataire, au produit et à l'objectif.

Le retour « sur terre », à l'ici et maintenant, doit également faire l'objet d'une attention spéciale. Les bons commerciaux profitent de ce moment pour proposer à leur client de faire le point afin de déterminer tout ce qu'il reste à faire pour obtenir la réalisation de cette évocation agréable.

TRAITER LES OBJECTIONS AVEC ELEGANCE

Le moyen le plus efficace pour traiter les objections est, bien sûr, de faire en sorte qu'elles n'apparaissent pas, et de s'arranger pour les éliminer avant qu'elles ne s'expriment. En général, la façon la plus élégante pour parvenir à ce résultat tient dans le respect des trois conditions suivantes :

— rester synchrone tout au long de la rencontre,

— garder à l'esprit le besoin et l'objectif du client, tels qu'il les a formulés, dans son langage,

— passer, au moins un peu, dans l'univers interne du client. Cette démarche vers l'autre, ayant pour but, de pouvoir prédire, avec une relative sécurité, les objections.

Tous les commerciaux prennent du temps pour anticiper les réactions de leurs clients et préparent différentes tactiques pour contrer avec succès les éventuelles objections qu'ils envisagent de rencontrer. Mais les très bons vendeurs, une fois sur le terrain, commencent d'abord par considérer l'apparition des objections comme un *signal.*

Une série d'objections est en effet indicatrice :

— soit d'une relation mal établie, d'une communication de mauvaise qualité et donc d'un défaut de synchronisation,

— soit d'un manque de précision dans la formulation des objectifs ou sur l'accord portant sur l'objectif commun.

DEFAUT DE SYNCHRONISATION

La synchronisation se pratique de façon délibérée et consciente, dès les premiers instants de la rencontre, et se poursuit jusqu'au premier test positif qui informera le responsable de la communication — ici, le vendeur — qu'effectivement il conduit la relation.

Le vendeur peut alors concentrer son attention consciente sur d'autres dimensions de la situation actuelle : le synchronisme doit poursuivre son effet pendant le reste de la rencontre.

Mais, le temps passant, il se peut que la désynchronisation insensiblement, s'installe. L'apparition d'objections peut en être un symptôme. En effet, l'inconscient du client, ne percevant plus avec autant d'intensité l'attention qui lui était jusqu'alors accordée, peut réagir négativement en centrant sa réflexion sur la construction d'objections.

Dans la pratique, traiter les objections comme un symptôme, signifie que le vendeur, confronté à des objections, va commencer par vérifier, en la *testant*, la qualité de la synchronisation qu'il a avec son client. Si le rapport à l'autre ne semble plus établi de manière satisfaisante, il rétablira alors le contact, verbalement et non verbalement. Les objections seront moins intenses et le vendeur reprendra la direction de la situation.

Par contre, si le rapport semble toujours solidement établi, les objections sont peut-être alors l'indicateur d'autres points imprécis, concernant en premier lieu les objectifs.

REVENIR AUX OBJECTIFS

Comme toute relation professionnelle, la relation commerciale, pour être efficace, se doit d'être basée sur une *transparence* aussi limpide que possible des objectifs poursuivis par chacun des partenaires, ce qui nécessite aux débuts de la rencontre, une explicitation des besoins et un accord sur les buts communs.

La *satisfaction précise du besoin du client* — et même plus, si possible, que sa simple satisfaction — devrait être le but explicite du vendeur.

Les éléments de l'offre et de la demande doivent pouvoir s'ajuster comme les pièces d'un *puzzle* entre elles : avec la même exactitude dans la forme et dans la fonction. Pour y parvenir, le vendeur a besoin de prendre du temps pour aider le client à formuler sa demande, en se servant notamment des « pointeurs linguistiques ». Plus l'objectif du client sera précisé, plus le vendeur saura comment adapter son offre. S'il y a donc objections, c'est qu'il y a peut-être inadéquation entre l'offre et la demande.

Reprendre la discussion au niveau des objectifs ne sera pas une perte de temps : c'est vérifier soigneusement que les partenaires sont encore sur la même route. Le vendeur s'est peut-être aventuré sur un autre chemin, en se croyant suivi, et le client le rappelle en lui signifiant, par ses objections, qu'il n'était pas question pour lui d'aller dans cette direction.

Le vendeur n'a plus alors qu'à puiser dans ses ressources de calme, avant de recommencer à se synchroniser pour repartir à la recherche de nouvelles informations, plus précises et plus spécifiques, qui concernent la demande et le but poursuivi.

Et si jamais, il constate à ce moment une inadéquation incontournable entre la nouvelle formulation de la demande et l'offre qu'il propose, il aura gagné du temps : il est en effet préférable de s'arrêter de façon positive à ce moment-là, plutôt que de se quitter mécontents et fatigués à la suite d'un malentendu.

SE SERVIR DES OBJECTIONS ET LES RECADRER

Il est souvent pertinent de considérer les objections émises par un client, comme cohérentes par rapport à son modèle du monde. Contrer ou attaquer une objection est une démarche non seulement inopportune, mais qui va surtout à l'encontre du but poursuivi.

C'est le contraire, si le vendeur prend en considération l'objection, l'étudie comme une donnée réelle, et ensuite se place du point de vue de son client pour la résoudre.

Celui-ci saura que sa position est comprise et respectée par le spécialiste. En présentant ses objections, le client exprime ce qui le préoccupe réellement, et ce sont là des informations de première importance pour celui qui a charge de répondre aux besoins de son interlocuteur.

LE VENDEUR PRESENTE LE PROBLEME

Partant d'une reformulation de l'objection, le vendeur vérifie si c'est bien *ce* problème qui préoccupe son client. Eventuellement, il peut alors s'informer pour savoir s'il y en a d'autres et lesquels. Une fois l'objection précisée, le vendeur s'emploie à poser et à analyser toutes les conséquences qui pourraient découler de cette situation imprévue.

Exemple :

> *Le client* : « Cette machine est trop compliquée, je ne saurais jamais m'en servir ! »
>
> *Le vendeur* : « Vous pensez donc que cette machine est compliquée et que vous ne saurez jamais la mettre en marche en vous servant de l'interrupteur, que vous n'arriverez jamais à vous servir des indicateurs de marche qui se trouvent ici, que vous ne saurez jamais utiliser les différentes touches... »
>
> Le vendeur décrit le fonctionnement de la machine en exploitant l'objection. En même temps, il ne fait que poser le problème.

RESOUDRE LE PROBLEME

Une fois le problème posé et les conséquences envisagées, le résoudre c'est présenter en *quoi* et *comment* le produit proposé apporte la solution la plus adéquate.

Pour réussir cette présentation, il est essentiel de tenir le plus grand compte de la façon de penser de l'acheteur potentiel : le langage qu'il utilise, qu'il comprend, les images auxquelles il peut être sensible, le système de représentation qu'il privilégie...

A la fin de la démonstration, le client doit pouvoir constater que les qualités du produit proposé répondent avec pertinence à l'objection qu'il avait soulevée, et que celle-ci était fondée, mais qu'elle n'a plus de raison d'être.

La formulation des objections est constituée à la fois de termes connotés positivement et de termes — plus nombreux en général — fortement négatifs.

Tout l'art du grand commercial consiste à savoir rentabiliser tels quels les termes positifs employés par son client, car ils sont codés d'une façon adéquate dans son expérience interne, et, d'autre part, de *recadrer* de façon positive la plupart des termes négatifs employés.

Exemple :

> *Le client* : « Votre méthode est très intéressante, c'est sûr, mais je trouve qu'elle ne pourra jamais s'adapter à notre mentalité individualiste ».
>
> *Le vendeur* : « Vous avez raison, cette méthode est très intéressante, je suis d'accord avec vous... Mais dîtes moi, il me semble que vous-même êtes un sacré individualiste, n'est-ce pas ? »
>
> Le client — « Oui, oui, comme tout le monde ».
>
> Le vendeur — « Et vous n'aimeriez pas vous servir de cette méthode pour votre propre compte ? »
>
> Le client — « Si, bien sûr, mais les autres ? »
>
> Le vendeur — « Ils vous imiteront quand ils verront votre réussite ».

Le recadrage du sens ou du contexte est d'ailleurs une technique indispensable que tout bon commercial a intérêt à savoir manier... en s'entraînant à les appliquer à la plupart des formulations négatives qu'il a l'occasion de rencontrer.

SAVOIR CONCLURE

Est-il besoin de souligner que la conclusion d'une vente est un moment décisif ? Un des aspects de cette phase, à laquelle il semble nécessaire de prêter une attention particulière, est l'inquiétude que peut vivre le client à cet instant, où, par la signature du contrat, il s'engage et donc abandonne sa liberté de choix : « Ne se trompe-t-il pas ? ».

Les conseils et les techniques sont multiples ; ce moment est parfois délicat. Un des moyens utilisés par de nombreux vendeurs consiste à définir, à ce moment précis — celui de la signature — un calendrier du suivi, et surtout ils prennent date *tout de suite* pour la prochaine rencontre, et ceci pour n'importe quel motif : paiement d'une traite, papier complémentaire, facture, contrôle...

La manœuvre a pour effet de rediriger l'attention de la personne sur un domaine moins stressant.

Enfin, rappelons, bien sûr, que l'*ancrage* est une technique de première utilité, dans ces situations, pour autant qu'elle soit employée avec intégrité et compétence, tout au long de la vente, mais également, et avec une intensité particulière, au moment d'une conclusion positive.

Lorsque le vendeur retrouvera son client, la fois suivante, il pourra susciter cette ancre positive et reprendra ainsi avec élégance et rapidité une relation là où elle en était restée.

2 Animer des réunions efficaces

Diriger, conduire des réunions, savoir le faire bien et avec efficacité est une activité indissociable de l'exercice des responsabilités, quels qu'en soient le domaine et/ou le niveau : du dirigeant d'entreprise au responsable des parents d'élèves.

Avoir des participants actifs, attentifs, intéressés, mettant au service de la réunion l'essentiel de leur énergie, de leurs capacités, de leurs compétences, de leurs idées, et donner à chacun le sentiment de tirer bénéfice du temps qu'il consacre à ce groupe, sont des critères repérables, indicateurs d'une réunion efficace et bien menée.

Dans ce chapitre, nous voulons montrer comment certaines techniques de la P.N.L. peuvent être concrètement et utilement mises au service de l'animateur d'une réunion afin de lui permettre cette efficacité que nous venons de décrire.

AVANT LA REUNION

En dehors de l'attention méticuleuse qu'exige la préparation matérielle de la réunion (convocations, ordre du jour, salle, moyens techniques...), il y a une autre phase indispensable pour réussir une bonne animation : *la préparation personnelle de l'animateur.*

1 — Pour bien conduire une réunion, l'animateur doit savoir de la façon la plus précise possible *où* il va... et donc se donner des objectifs concrets, réalistes, évidents. La préparation, dans ce domaine, consiste à imaginer la future réunion en train de se dérouler et à concevoir, dans toutes les dimensions de l'expérience (V.A.K.O.) la fonction d'animateur en train d'agir au mieux de ses intérêts ainsi que de ceux des participants : l'animateur, centré sur les autres, totalement présent, guidé par l'objectif.

2 — L'animateur doit aussi se mettre dans son état optimum de ressources afin d'arriver à la réunion au mieux de ses possibilités : concentré, ouvert, puissant. Pour cela, chacun peut utilement se servir des mécanismes de l'auto-ancrage, tels qu'ils sont décrits dans le Troisième Exposé.

3 — Se préparer, cela veut dire aussi, améliorer la congruence : toutes les dimensions internes de l'animateur gagnent à être en accord entre elles afin de concourir ensemble à la réussite de l'opération. Comment pourriez-vous animer avec efficacité si une partie de vous-même entre en conflit avec les autres, à propos de ce que vous êtes en train de dire ou de faire ? Le fait même qu'il y ait conflit vous amène à vous retrancher dans votre dialogue interne..., ce qui vous coupe automatiquement de l'environnement externe, donc des participants et de la réunion.

Pour éviter ce genre de préoccupations, l'animateur a besoin de se retirer dans son for intérieur, et mobiliser l'ensemble des parties qui l'habitent afin de les amener à s'accorder sur quelques objectifs satisfaisants pour toutes ainsi que sur les stratégies à mettre en œuvre pour les atteindre.

AU DEBUT DE LA REUNION

Un bon animateur s'arrangera toujours pour arriver avant les autres participants, pour les accueillir, bien sûr, mais surtout pour profiter de cet accueil pour « calibrer les participants ».

Outre le fait que cela le met déjà en état d'observation externe, état qu'il devra conserver tout au long de la réunion, il recueille au cours de ce premier contact personnalisé une grande quantité d'informations, notamment non-verbales, qui lui permettront d'ajuster avec pertinence ses interventions. En effet, ce que l'on apprend pendant les minutes qui précèdent une réunion est très instructif.

Une réunion efficace commencera par un échange entre les participants en vue d'un accord sur les objectifs qui seront poursuivis pendant le temps qu'ils décident de passer ensemble. L'animateur peut alors se servir avec profit des règles de la P.N.L. concernant les objectifs :

— rendre évidents pour tous et concrets ces objectifs en précisant leur formulation,

— faire exprimer ces objectifs de façon *positive,*

— utiliser des verbes d'action plutôt que des noms.

Par exemple, « le but de notre réunion sera de traiter du déménagement » est un objectif vague, imprécis, et non tourné vers l'action. Une réunion sur le même thème aura des chances d'être plus active si elle commence par :

« Le but de notre réunion est :
— de définir les différentes étapes,
— de répartir entre nous les différentes responsabilités,
— de fixer un calendrier opérationnel,
afin d'assurer la réussite du déménagement prévu pour Décembre ».

PENDANT LA REUNION

On a recensé neuf savoir-être et savoir-faire de l'animateur efficace.

I — Avoir tous les sens en éveil, directement « branchés » sur les réactions des participants : c'est par l'observation constante des attitudes et des comportements de ceux qui assistent à la réunion, et par la mesure des écarts qui se produisent entre ce qui se passe et ce qu'il serait souhaitable qu'il se passe, qu'un animateur sait quand, comment et à propos de quoi il doit intervenir.

II — Etre surtout centré sur la forme, sur la manière dont se déroule la réunion, sur le processus plutôt que sur le contenu de ce qui est échangé. S'il fallait illustrer en pourcentage la façon dont s'oriente l'attention consciente de l'animateur, nous pourrions évaluer, qu'en règle générale, 80 % de l'énergie consciente sont centrés sur le processus de la réunion, et 20 % sur le contenu.

III — Savoir concentrer son observation sur ceux qui écoutent, plutôt que sur l'intervenant. Les réactions non-verbales de l'auditoire informent sur le sens réel du message émis.

IV — Etre suffisamment flexible, pour pouvoir se synchroniser, non-verbalement, avec ceux qui ont une influence effective et spécifique au sein du groupe, et pas seulement ceux qui ont une influence statutaire.

V — Avoir constamment à l'esprit l'objectif principal ainsi que l'objectif intermédiaire, sujet de l'inter-action actuelle.

VI — Etre toujours prêt à élaborer une reformulation de ce qui se passe, de ce qui s'est dit, et de ce qui s'est passé depuis le début. Constamment l'animateur fait appel à son esprit de synthèse.

VII — Savoir intervenir à chaque changement d'objectif intermédiaire :

1) en effectuant une synthèse qui reformule ce qui a été décidé ;

2) en s'assurant de l'accord, sinon de tous, du moins de la plus large majorité ;

3) en rappelant l'objectif principal qui les réunit ;

4) en effectuant une introduction à l'étape qui suit.

VIII — Eviter les éventuelles digressions sans tomber dans une sorte de « répression » autoritaire qui suscite les mécanismes de défense plutôt que ceux de l'engagement et de la participation.

Voici une formule efficace qui peut vous permettre de réussir ce genre d'intervention.

1) Assurer une reformulation harmonieuse du discours du participant qui semble s'égarer par rapport à l'objectif.

2) Faire un rappel de cet objectif, sur lequel tout le monde, y compris donc l'intervenant, s'était mis d'accord.

3) Et, tout en adoptant une forme d'expression la plus neutre possible, demander à l'intervenant quel est le lien que lui-même établit entre ce qu'il vient de dire et l'objectif actuellement débattu.

Le participant ainsi interpellé, au lieu de continuer plus avant sa démonstration, peut préciser la fonction de son discours dans le cours de la réunion et donc ainsi supprimer l'impression d'égarement qui prévalait. Mais il peut également reconnaître tout simplement qu'il s'était laissé effectivement emporter hors du sujet.

De toute façon, ce type d'intervention va recentrer la réunion, ce qui est le but recherché.

IX — Enfin, savoir faire autre chose quand l'évolution de la situation ne correspond plus précisément à ce que souhaite l'animateur. Et ceci jusqu'à changer d'objectif en cours de réunion si nécessaire. En effet, quel intérêt y a-t-il à poursuivre un objectif fixé quand manifestement les participants dans leur ensemble y adhèrent difficilement, voire même s'y opposent confusément : critiques, passivité, inattention ?

Et dans ces cas là une des actions possibles consiste à suspendre le travail en cours, et à interpeller le groupe sur ce qui le préoccupe et sur ce qu'il conviendrait de faire pour résoudre la difficulté présente.

CONCLURE

La tâche de l'animateur dans cette dernière phase de la réunion consiste à centrer l'attention des participants sur :

— ce qui a été réalisé,

— ce qui reste à réaliser.

LA SYNTHESE FINALE

Il s'agit de faire, dans un premier temps, une sorte de « Bilan d'exploitation du temps » de la réunion

— avec, « au crédit », la liste des décisions qui ont été prises, la récapitulation de tous les points d'accord, ainsi que les différentes positions qui ont été exprimées au cours des débats,

— au « débit », l'animateur fera le constat des écarts existant entre ce qui avait été prévu (le contrat de départ sur les objectifs) et ce qui a été effectivement réalisé et présentera une reformulation explicite des désaccords qui n'ont pu être résolus.

L'APRES-REUNION

Avant de se séparer, il est nécessaire de concrétiser les résultats de la réunion en projetant dans le futur immédiat, ce qui doit advenir, en termes actifs, pour les participants.

Pour cela, l'animateur :

— effectue un rappel des décisions concernant la répartition des différentes responsabilités qui incombent désormais aux uns et aux autres,

— explicite les objectifs qui doivent être atteints ainsi que les délais de réalisation,

— enfin, il établit, en accord avec l'ensemble du groupe, le calendrier des prochaines réunions et des éventuelles rencontres intermédiaires.

3 Enrichir ses compétences de négociateur

Quelles sont les situations qui requièrent un savoir-faire de négociateur ? Toutes les situations de communication dans lesquelles les buts des partenaires en présence semblent en opposition.

Les employés négocient avec leur direction, les délégués de classe avec leurs professeurs et nos gouvernants avec ceux des autres puissances.

C'est aussi l'art de la négociation qui, dans notre vie quotidienne permet souvent de mettre fin à un conflit conjugal, de se mettre d'accord sur le choix du restaurant où l'on ira dîner ce soir ou sur le lieu des prochaines vacances d'été.

La négociation est un moyen d'obtenir des autres ce que l'on désire pour soi-même. C'est une forme de communication bi-latérale qui vise à permettre un accord entre des personnes qui possèdent à la fois des intérêts communs et des intérêts opposés (1).

Nous distinguerons deux phases principales en matière de négociation :

— *avant.* C'est la phase de préparation qui précède la discussion. Elle inclut une analyse de la situation et la mise au point d'un plan.

_____

(1) Pour un développement plus important, on se reportera à l'ouvrage de R. LAUNAY, **La négociation,** paru dans cette même collection.

— *pendant.* C'est la phase de discussion proprement dite entre les personnes concernées.

Pour réussir une négociation, vous aurez besoin d'emporter avec vous certains outils. Parmi les outils P.N.L. utiles vous utiliserez avec profit :

— votre capacité à définir clairement des buts,

— votre capacité de communicateur efficace telle que le permettent :

• la synchronisation non verbale et verbale,

• la détection et l'utilisation des systèmes de représentation de vos interlocuteurs,

• les pointeurs linguistiques,

• la capacité d'ancrer de façon indirecte.

— votre capacité à vous placer vous-même dans un « état-ressource » et à posséder une ancre personnelle qui vous permette de réaccéder à cet état à volonté.

En plus de ces savoir-faire, vous emporterez aussi avec vous des éléments spécifiques. Ceux que nous vous présentons ici résultent du travail effectué par le *Hutwaite Research Group* qui a observé et mis à jour les caractéristiques d'excellents négociateurs, ainsi que de la méthode proposée par le groupe de recherche sur la négociation, fondé au sein du *Harvard Institute.*

LA PREPARATION

1) *La première des choses consiste à s'assurer qu'il existe bien un cadre d'entente possible.*

La négociation a pour but de permettre un accord entre des personnes dont certains intérêts divergent, mais qui possèdent aussi des intérêts communs. Si ce n'est pas le cas, vous n'êtes plus dans le domaine de la négociation. Celle-ci n'est possible que lorsqu'il peut y avoir but partagé. Il n'existe heureusement que peu de situations incompatibles avec une démarche négociatrice. A cet égard, l'art de la négociation sert notre humanisation. Il offre une possibilité d'accord raisonné fondé sur une évaluation rationnelle des données présentes, là où les structures archaïques de notre cerveau commanderaient volontiers ce réflexe d'attaque ou de fuite que nous possédons en commun avec les espèces animales.

2) *Décidez du résultat que vous visez.*

Lorsque vous préciserez votre but, demandez-vous ce que vous espérez obtenir dans le meilleur des cas, mais aussi jusqu'où vous êtes prêt à aller dans le cas de figure le plus défavorable. *Eric Berne définissait le gagnant non pas comme celui qui sait ce qu'il fera quand il aura gagné, mais comme celui qui sait ce qu'il fera s'il échoue.* Dans le même esprit, réfléchissez à votre position de repli : dans le pire des cas, que pourrez-vous encore faire pour aller de l'avant ?

En réfléchissant aux résultats que vous attendez de cette négociation, tenez également compte de vos buts à long terme. Vous désirez certainement continuer à travailler avec le client avec qui vous allez négocier. De même, vous allez continuer à vivre les membres de votre famille, quelle que soit l'issue de la discussion portant sur le choix d'un lieu de vacances. Il est donc important de tenir compte de ces éléments. C'est cette *mise en concordance avec le futur* qui vous aidera à savoir jusqu'où vous pouvez aller et comment.

Lorsqu'une négociation se conduit entre deux groupes, assurez-vous aussi que les membres de votre propre groupe sont bien d'accord entre eux sur l'objectif poursuivi et les moyens de l'atteindre. Ceci peut vous éviter des déconvenues en cours de route. Vous n'aurez pas à mobiliser une partie de votre énergie pour gérer ces attitudes de flottement au sein de votre propre équipe. Si, au cours de cette phase préliminaire d'accord interne, vous découvrez des écarts de position parmi les membres de votre équipe, vous pouvez commencer à mettre en pratique entre vous les techniques de négociation que nous présentons ici pour parvenir à un consensus.

3) *Avant de démarrer la négociation, recueillez autant d'informations que possible sur l'autre partie et ses positions et élaborez un plan d'action.*

L'analyse de ces informations devrait vous permettre :
— de faire le point sur la situation pour déterminer le différend,
— d'examiner l'aspect personnel : difficultés de communication, partis pris, hostilité,
— de déterminer les intérêts réels en jeu (les vôtres comme ceux de l'autre parti),
— de prendre note des solutions éventuelles déjà proposées et des critères avancés comme base d'accord.

A partir de là, vous pouvez concevoir un plan d'action. Celui-ci tiendra compte de questions comme : quel est l'enjeu le plus important ? Quels sont les objectifs réalistes atteignables ? Comment régler les questions de personnes ?

4) *Assurez-vous que vous allez négocier avec la personne qui a le pouvoir de décision finale.*

Dans les situations de négociation où les enjeux politiques ou commerciaux sont élevés, il arrive fréquemment qu'un négociateur soit mis en présence d'un représentant des intérêts adverses qui n'est qu'un « second couteau ». Celui-ci va entreprendre de négocier avec vous et va s'enquérir de la proposition la plus juste que vous puissiez faire au groupe qu'il représente. Une fois l'accord prêt de se conclure... la personne annonce, alors, qu'elle n'a pas le pouvoir de décision finale et vous propose un rendez-vous avec celui qui peut décider. Il ne vous reste plus qu'à repartir pour un tour dans ce processus, après avoir perdu du temps, de l'énergie, et peut-être dévoilé plus de choses que vous ne l'auriez souhaité. En effet, l'interlocuteur qui prendra le relais du précédent adoptera comme base de départ de cette nouvelle négociation ce que vous aviez proposé à son prédécesseur comme étant votre plus grande concession possible.

Assurez-vous donc, avant de démarrer une négociation, que la personne que vous allez rencontrer a bien le pouvoir de décision finale. Si vous avez un doute sur ce point, contactez-la directement pour lui demander, ou, si ce n'est pas possible, posez-lui d'entrée de jeu la question dès le début de votre entretien.

S'il n'est pas possible d'éviter un intermédiaire,
— axez surtout votre entretien sur une stratégie de rapport : centrez-vous sur les processus de la communication plutôt que sur les contenus pour créer le contact et la confiance avec la personne (elle transmettra à l'autre l'impression que vous lui avez faite) ;
— au niveau du contenu, restez dans les généralités et ne présentez que ce que vous savez déjà être connu de vos interlocuteurs ;
— demandez à rencontrer le décideur en vous assurant de la clarté de la réponse.

PENDANT LA NEGOCIATION

Les bons négociateurs utilisent leur sens de l'observation pour rester branchés sur ce qui se passe maintenant. Ils ont le sens du contact et savent rencontrer l'autre sur son terrain pour créer le rapport. Ils possèdent également des savoir-faire spécifiques. Voici ceux que nous suggérons d'utiliser.

1) *Négociez au niveau des intérêts réels en jeu, et non pas à partir de positions.*

Dans la plupart des négociations menées par des novices en la matière, chacun se cale sur une position — de préférence la plus extrême possible — et, à partir de là, argumente et va progressivement lâcher du lest, jusqu'à arriver à un compromis. C'est le classique marchandage.

Trois critères permettent d'évaluer objectivement la valeur d'une méthode de négociation. Permet-elle d'aboutir à un accord judicieux ? Est-elle efficace ? Permet-elle d'améliorer ou, au moins, de ne pas compromettre la relation entre les parties en présence ?

Trois autres permettent de cerner ce qu'est un accord intelligent : un accord intelligent répond aux intérêts légitimes des parties. Si possible, il résout équitablement les conflits d'intérêts. Il est durable et tient compte des intérêts de la communauté.

Evaluée selon ces critères, la négociation à partir de positions s'avère rarement judicieuse. Chacun tend à s'enfermer dans ses positions. Plus on les conteste, plus il les défend et se rigidifie. D'une discussion de fond sur des intérêts réels qu'il s'agirait d'évaluer, on risque de passer rapidement à une discussion qui devient un affrontement psychologique sous-tendu par la nécessité de sauver la face.

Par différence, dans la négociation sur le fond, il s'agit explicitement de conclure un accord judicieux et efficace placé dans un cadre d'intérêts communs. Pour y parvenir, les négociateurs se centrent alors sur les intérêts réels en jeu et non sur des positions. Ils vont imaginer ensemble des solutions qui permettront des bénéfices mutuels, évalués selon des critères objectifs sur lesquels les deux parties seront d'accord.

2) *Sachez donc faire mieux qu'attaquer et vous défendre.*

Les négociateurs efficaces savent prendre en considération le point de vue de l'autre et le reconnaître comme une option possible parmi plusieurs. On ne peut construire qu'avec une personne qui se sent comprise et reconnue. Pour cela, montrez à votre interlocuteur que vous reconnaissez son cadre de référence en reformulant puis en validant ses propositions :

« Je comprends cela, c'est un point important »...,
« Si j'étais à votre place, ce serait important pour moi aussi »...

De même, lorsque votre interlocuteur attaque ou se défend, mettez à jour l'intérêt positif qu'il défend pour lui en faisant cela, et cherchez avec lui d'autres options qui permettraient de satisfaire cet intérêt au moins aussi bien, si ce n'est mieux.

3) *Lorsque vous voulez poser une question ou faire une suggestion, annoncez-le explicitement.*

« Laissez-moi vous poser une question »..., « Je vais vous poser une question »...,
« Je fais une suggestion »..., « Je propose la chose suivante »...

Cette façon de procéder permet de mobiliser l'attention de l'interlocuteur pour s'assurer d'être entendu, et d'autre part, en annonçant ce qu'on va faire, de lui éviter de se méprendre et d'être défensif.

4) *Lorsque vous faites une proposition, énoncez d'abord les raisons qui fondent celle-ci.*

Cette séquence — raisons puis proposition — est importante car elle permet de mieux faire face aux objectifs. Si votre partenaire n'est pas d'accord, il va attaquer ce que vous lui avez présenté dans l'ordre : il contestera les raisons énoncées, pas la proposition.

Si vous annoncez par exemple ce que peut être votre meilleur délai de livraison d'un produit, il se peut qu'à peine votre phrase commencée, votre interlocuteur pense déjà aux dix raisons invocables pour vous en demander un plus court.

Si vous énoncez d'abord les raisons qui fondent ce délai, il en contestera éventuellement certaines, mais n'attaquera pas la proposition.

Ne donnez pas trop de raisons (trois est un bon chiffre). Sachant que votre interlocuteur contestera d'abord la plus faible, vous pouvez même les présenter dans l'ordre, de la plus faible à la plus solide, ce qui constituera un rempart de protection pour votre proposition.

5) *Exprimer ce que vous ressentez.*

L'étude comparative du travail des négociateurs chevronnés et des autres montre que les premiers expriment plus souvent ce qu'ils ressentent :
« Je suis heureux de... »,
« Je me sens soucieux de... ».

Lorsque leur ressenti implique une personne spécifique et qu'il pourrait être perçu comme menaçant, ils savent faire la différence entre le comportement qui leur pose problème et la personne. L'expression du sentiment concerne le comportement et n'est pas une dévalorisation de la personne — voir à ce propos l'encart « Ancrage et systèmes de représentation » dans le chapitre sur l'ancrage, Deuxième Partie : le reproche minute —. En outre, celui qui exprime le sentiment en prend la responsabilité en l'exprimant à la première personne : « Je suis en colère de ce changement de dernière heure que vous nous imposez... » (et non pas : « Vous me mettez en colère avec ce changement »).

Dans la même logique, sachez faire la distinction entre les personnes et les intérêts en jeu : soyez bienveillants avec les personnes et fermes sur les intérêts.

6) *Veillez à ne pas blâmer ou accuser votre interlocuteur.*

De même, ne soyez jamais insultant et évitez les transactions irritantes.

7) *Résumez régulièrement l'entretien en accentuant les points d'accord.*

8) *Sachez utiliser le temps.*

Soyez conscient de la pression que le facteur temps peut introduire sur vos décisions. Demandez une pause si de nouvelles données méritent réflexion.

9) *Enfin, restez souple sur les options.*

La flexibilité est l'un des atouts majeurs prônés par la P.N.L. Soyez ferme sur votre but, mais souple sur les moyens de les atteindre. Il est rare qu'un accord équitable ne puisse se fonder que sur une option et une seule.

DIX FAÇONS DE DEBLOQUER EN SOUPLESSE UNE SITUATION

Lorsque la situation est bloquée, la première des choses à faire est de s'assurer de ce que le rapport est *maintenu,* et le cas échéant de le rétablir. Pour cela, l'intéressé se centrera de nouveau sur les processus communicationnels, verbaux et non-verbaux, plutôt que sur les contenus. Lorsque ce n'est pas suffisant, le négociateur avisé peut utiliser l'une des *dix procédures d'intervention* que nous proposons maintenant, jusqu'à pouvoir relancer la négociation et la faire progresser vers un accord satisfaisant pour les parties en présence. Ces dix moyens sont utilisables dans d'autres contextes que celui de la négociation, chaque fois qu'il s'agit de *débloquer* une situation.

1) VERIFIER LA TRANSPARENCE DES OBJECTIFS

Le diplomate, avec son sens du secret, est parfois proposé comme modèle en matière de négociation. Pour être diplomate et donc négociateur, il faudrait savoir avancer masqué, dissimulé... Par quoi ? Comment ? Dans la pratique, cela se caractérise souvent par l'auto-censure qu'exercent de nombreuses personnes sur l'énoncé de leurs objectifs : moins on en dit...

En fait, la plupart du temps, moins on en dit, plus on perd du temps. Mais surtout, à trop jouer au chat et à la souris, on en arrive à ne plus savoir soi-même ce qu'on veut. La conscience des buts désignés en vient elle-même à s'obscurcir, ce qui se traduit en situation par des objectifs vagues, généralisants et formulés négativement (« Je ne sais pas ce que je veux, mais je sais ce que je ne veux pas »). Clarifier les objectifs, pour soi et ensuite pour l'autre, sont deux démarches indispensables pour sortir une négociation d'un blocage qui aurait trait au but poursuivi. La transparence des résultats rapporte généralement plus qu'elle ne coûte.

2) REDEFINIR LES OBJECTIFS RECIPROQUES

L'inventeur à la recherche d'un moyen d'éliminer les souris limite ses capacités d'action s'il pose le problème comme étant d'« inventer un piège à souris plus efficace ». Il existe de nombreux autres moyens de se débarrasser des souris. Il est couramment admis qu'un problème bien posé est déjà à moitié résolu. « En définissant mes objectifs ou mes propositions de cette façon, quelles sont mes chances de succès ? Quelles autres définitions plus facilitantes pourrais-je proposer ? »

Ces questions importantes lors de la phase de préparation de la négociation le sont aussi dans la phase de déroulement. En matière de communication humaine, peu de problèmes ne peuvent être résolus. Beaucoup sont mal posés.

Souvent, le déblocage de la situation ne nécessite pas de définir des objectifs différents, mais seulement de modifier l'étiquette linguistique qu'on leur accolait : changez les mots pour changer la signification de la situation. Après la défaite de Waterloo, le prussien Blucher dont les troupes occupaient Paris voulait faire sauter le pont d'Iéna qui lui rappelait une cuisante défaite. A la recherche d'une solution pour éviter cela, et se sachant en position de faiblesse pour négocier, Talleyrand trouva la solution la plus créative et la plus simple : il fit débaptiser le pont que l'on nomma « Pont de l'Ecole Militaire ». Le pont fut sauvé et retrouva son nom plus tard sous Louis-Philippe.

Il suffit souvent de modifier la forme sans qu'il soit besoin de toucher au contenu, pour qu'un fait, un objectif ou une proposition deviennent acceptables. Optez pour la devise du philosophe grec Epictète : « La même chose mais différente ».

3) UTILISER L'EFFET ZOOM ET LE CHANGEMENT DE NIVEAUX LOGIQUES.

Dans le film de Visconti « Les damnés », un plan rapproché nous montre le visage d'un jeune homme blond aux yeux bleus chantant d'une voix juvénile un air du folklore allemand. La scène ne manque pas d'un certain charme bucolique. Par un mouvement de zoom arrière, la caméra élargit alors le champ... L'homme est habillé en SS et chante pour un public composé de ses semblables. *Elargir le cadre peut modifier le sens.*

En zoomant avant, ce qui centrera la discussion sur un détail, ou en zoomant arrière, ce qui va la généraliser et peut-être relativiser le point de blocage, vous pourrez faciliter la sortie d'une ornière.

« Les armes nucléaires sont notre meilleure protection. Plus nous en aurons, plus nous serons en sécurité ». « Vous pensez qu'il nous en faudrait beaucoup plus. Dans cette optique, l'idéal serait peut-être même que chacun puisse en avoir une dans son jardin. Serait-ce vraiment la meilleure protection ? »

Changer de niveaux logiques.

La théorie mathématique des types logiques nous enseigne qu'une collection d'éléments de même niveau logique composent un ensemble. Cet ensemble lui-même peut appartenir en tant que membre à un autre ensemble d'un type logique supérieur, etc. C'est ainsi par exemple que le phare, la roue ou le moteur appartiennent à l'ensemble « R 5 Renault ». Ce modèle particulier de voiture et tous les autres modèles existants appartiennent à la catégorie « voiture » qui, elle-même, est membre de la catégorie « moyens de transport », et ainsi de suite.

Dans cet exemple, nous avons découpé la réalité en allant du spécifique au général. Un exemple de découpage inverse, du général vers le spécifique, pourrait être : travailleur → salarié → cadre → chef de service informatique → Adrien Lombard, chef du service informatique à la société Computer 2000.

Ce découpage est différent de l'effet zoom présenté précédemment qui lui, consiste à élargir le champ mais en restant au même niveau logique (découpé en types logiques, un des exemples précédents pourrait donner, entre autres possibilités : film de Visconti → cinéma → formes d'expression artistique, etc.).

Lorsque votre négociation piétine, quel que soit le contenu, il est intéressant d'intervenir sur ces processus de découpage de la réalité abordée. Il se peut que le niveau utilisé à cet instant ne soit pas facilitateur. Que ce soit par l'utilisation de l'effet zoom ou par celle des types logiques, changez pour un temps cette façon de découper. Si vous étiez dans le spécifique, allez vers le général et inversement. Si vous étiez entre les deux, partez pour l'une ou l'autre direction ou élargissez le champ. Il sera toujours temps de revenir à la précédente plus tard (« Changez de braquet »).

4) RECADRER POSITIVEMENT L'OBJECTION

Déjà présenté en différents endroits de ce livre, le recadrage consiste :
— à reconnaître et valider l'objection de la personne,
— mettre à jour l'intention positive sous-jacente, servant les intérêts de l'objecteur,
— à proposer d'autres options qui permettront de satisfaire cette fonction.

Il est rare qu'il n'y ait qu'une et qu'une seule solution possible pour obtenir ce que l'on veut.

5) METTRE A JOUR LES CONSEQUENCES NEGATIVES

Le recadrage positif travaille sur l'origine de l'objection. Là, nous nous intéressons à sa conséquence. « Que se passera-t-il si... nous n'aboutissons pas dans cette négociation si l'autre reste bloqué sur un point ? ».

Dans une négociation, chacun possède des intérêts en jeu. Si la situation reste bloquée, votre partenaire perdra quelque chose. Rappelez-lui quelles seront ces conséquences. Elles sont à présenter, bien sûr, en tenant compte du cadre de référence de celui-ci et en décrivant de préférence ces conséquences dans son propre système de représentation.

Certaines personnes s'avèrent parfois plus rapidement motivées par l'évitement d'ennuis que par la recherche de satisfactions. Ce type d'intervention pourra les motiver à aller de l'avant. Il n'est, bien sûr, pas question de menacer, mais plutôt de faire apparaître l'idée de la poursuite de la négociation comme la solution la plus raisonnable et la plus rassurante qui évitera ces ennuis.

6) PRENDRE APPUI SUR LES SYSTEMES DE CROYANCES

« Il faut prendre ses repas à heures fixes », « C'est plus sain de manger cru ». « L'important, c'est de s'enrichir », « L'important, c'est d'être en contact avec ce qu'on ressent », « Je suis intelligent », « Je suis stupide », « Il y a toujours une solution », « On peut faire confiance aux autres », « Soyez franc et ça se retournera contre vous », « Ne vous mêlez jamais des affaires des autres... ».

Ce que nous croyons vrai et important à propos de nous-mêmes, des autres et des différentes situations de la vie constitue notre système de croyances. Ces croyances, nous les avons développées sur la base de notre expérience de la vie, ainsi que sur la base de ce que l'on nous a montré et enseigné. Elles sont faites de généralisations, de décisions et de règles.

Celles-ci ont trait à la façon de se conduire dans la vie pour en tirer le plus possible, pour être important et pour se sortir des situations perçues comme dangereuses.

Ces croyances sont hiérarchisées. Certaines sont mineures (« Pas de cravate à rayures sur une chemise à carreaux »), d'autres sont centrales au maintien de l'édifice qu'est notre personnalité (« La chose la plus importante, c'est l'honnêteté », « Pour que l'un gagne, il faut que l'autre perde », « C'est le respect des enseignements de la Bible qui donne un sens à notre vie »).

Nous sommes conscients de certaines de nos croyances. D'autres opèrent à notre insu. Certaines sont énoncées explicitement dans le discours : « Les deux caractéristiques que j'attends d'une personne pour en faire un ami ? Qu'elle soit directe et qu'elle ait le sens de l'humour ».

D'autres sont implicites au comportement de la personne et permettent de comprendre celui-ci : la personne qui, lorsqu'elle est triste ou en colère, bloque l'expression de ce qu'elle ressent, opère sur la base d'une règle implicite : « Ne montre pas ce que tu ressens ». C'est sur la base de ces critères que nous évaluons, consciemment ou inconsciemment, les expériences dans lesquelles nous sommes impliqués et que nous optons pour un comportement plutôt qu'un autre.

L'expérience — l'ensemble des stimulus que nous percevons — n'est a priori ni bonne ni mauvaise. Ce sont les critères que nous utilisons pour l'évaluer qui vont lui donner sa signification et nous permettre d'opter pour une conduite à tenir.

Identifier les croyances d'une personne permet de se synchroniser dessus en les respectant et en les validant. Si elles diffèrent par trop des vôtres, vous préserverez votre propre intégrité en ne faisant pas semblant d'y adhérer, mais vous pourrez au moins vous abstenir de commentaires inflammatoires ou non crédibles du point de vue de l'autre.

Si vous vendez des Rolls Royce, vous ne prendrez pas appui sur les mêmes critères selon que votre client est un puritain qui croit d'abord à la tradition et au bon investissement de l'argent, ou s'il s'agit d'une étoile montante du show business qui cherche d'abord à faire connaître sa réussite financière et à faire parler de lui.

7) PROPOSER UN CONTRE-EXEMPLE

« Pour changer mon comportement, j'ai d'abord besoin de le comprendre ».

« Vous est-il déjà arrivé de comprendre les causes d'un comportement sans réussir à le changer pour autant ? »

ou « Vous est-il déjà arrivé, lorsque vous regardez en arrière, de réaliser que vous avez évolué dans certains domaines, sans pour autant savoir comment vous avez fait ? »

« Je n'ai pas à prendre de décisions pour les autres, chacun est le mieux placé pour savoir ce qu'il a à faire ».

« Même si, à la fin de la conversation, votre interlocuteur vous annonce qu'il compte assassiner sa femme, ses enfants et se tuer lui-même si son patron lui refuse de nouveau une augmentation ». Lorsque le point de vue affiché par l'interlocuteur repose sur une généralisation, lui proposer un contre-exemple peut l'aider à assouplir sa position. Les positions catégoriques sont souvent sous-tendues par des croyances personnelles ou partagées par un groupe. Comme celles-ci sont affaire de tout ou rien, introduire un contre-exemple dans le système auto-limitant de la personne peut l'aider à commencer à reconsidérer celui-ci.

En situation de négociation, vous pouvez repérer la croyance qui sous-tend la position de votre interlocuteur et proposer un contre exemple à celle-ci.

8) IDENTIFIER ET MODIFIER LES CAUSES → EFFETS ET LES EQUIVALENCES COMPLEXES.

a) Les causes → effets (C → E)

« Je me méfie parce que vous avez changé de point de vue ».

« Augmentez-nous et nous reprendrons le travail ».

« Je ne discute pas, tu me fais perdre mon temps ».

Cette relation cause → effet (X cause Y) est l'un des conditionnements linguistiques qui façonnent le plus profondément notre pensée. Elle nous permet d'organiser la conscience que nous avons des stimuli externes et internes de façon satisfaisante pour l'esprit.

C'est une des structures de base du processus d'acquisition et de stockage des connaissances. Ce sens de la causalité est à l'évidence utile. Je sais que, si je prends mon rasoir par la lame, je me coupe. Il peut aussi bien sous-tendre une vision déformée de la réalité et être dépourvu de tout lien logique.

« Les roux sont meilleurs en maths ».

« Je suis déprimé parce qu'on m'a changé de bureau ».

« Il m'a mis en colère en refusant d'admettre que j'avais raison ».

En écoutant les liens C → E, implicites aux affirmations de vos partenaires, vous remarquez qu'une large part de ces structures ne repose sur rien d'autre que des croyances personnelles.

b) Les équivalences complexes (Eq C)

Autre forme de structure linguistique voisine de la précédente, l'équivalence complexe met en rapport d'équivalence deux éléments ou propositions qui n'entretiennent pas nécessairement de lien logique (2) et dont la relation n'existe que fondée par une croyance personnelle.

« Elle m'a fait un reproche sur mon travail. Elle me déteste ».

« Ils ne respectent pas leur délais ; ils sont paresseux ».

« Vous avez modifié le projet, vous êtes un tricheur ».

Dans cette structure, X prouve Y.

Il y a, rarement, de liens directs entre le fait d'émettre une critique sur un travail et le fait de détester la personne qui reçoit cette critique, mais par l'effet d'une distorsion sensorielle et linguistique reposant sur des apprentissages du passé, ceci peut apparaître à une personne comme étant « la » réalité. Bloquantes parce qu'irrationnelles, les causes → effets et les équivalences complexes sont souvent difficiles à faire évoluer par la confrontation.

Le premier temps de l'intervention sur une C → E ou une Eq C consiste d'abord à détacher les deux parties de l'affirmation. Que X ne cause plus ou ne prouve plus Y.

Pour cela vous pouvez citer quelques contre-exemples (il en existe toujours).

Dans un second temps vous pouvez aussi proposer une cause ou un effet différent, ou bien une autre équivalence, de façon telle que :

— X ne cause plus Y, mais Z,

— X ne prouve plus Y, mais Z.

Exemples.

— Vous avez changé d'avis, vous trichez (X = Y),

— J'ai changé d'avis parce que de nouveaux éléments sont intervenus et que je suis flexible.

Changer d'avis = souplesse.

---

(2) On les appelle aussi des concomitances, des « syllogismes dégénérés » ou des sorites.

— Augmentez-nous et nous ferons du meilleur travail (X → Y).

— Pour améliorer la qualité du travail, un autre moyen efficace pourrait, aussi, être d'améliorer les conditions dans lesquelles vous travaillez et de prendre des mesures de formation continue. Le niveau de compétence générale augmenterait ainsi que la qualité du travail.

Formation → meilleure qualité de travail.

9) UTILISER UNE MÉTAPHORE

Une métaphore est une histoire réelle ou imaginée dont la narration sert un but : enseigner quelque chose, éclairer différemment une situation ou encore suggérer indirectement un moyen de résoudre un problème.

Ces histoires ou anecdotes nous présentent toujours une personne confrontée à un problème particulier qu'elle surmonte ou auquel elle succombe d'une certaine façon. Si le conflit dépeint dans l'histoire ressemble de façon directe ou symbolique à celui que vous rencontrez dans votre propre vie, l'histoire peut alors acquérir une signification pour vous et vous suggérer un comportement résolutoire.

La métaphore peut aussi bien prendre la forme d'une longue histoire à contenu symbolique, comme c'est le cas pour la fable ou la parabole, que celle d'une simple expression imagée ou celle encore d'un mot d'esprit. Utilisée dans le cadre d'une relation de travail, il est souvent plus approprié qu'elle soit brève.

« Cette nouvelle organisation complique ma tâche. J'ai l'impression de devoir avancer en pédalant sur un vélo qui aurait des roues carrées ».

Expression imagée et narration sont aussi vieux que le lnngage. Les métaphores parlent à l'enfant qui est en nous. Elles sont porteuses d'un messsage déchiffré par l'hémisphère droit de votre interlocuteur, sans qu'il soit besoin de confronter ses croyances et ses positions.

10) APPLIQUER L'OBJECTION A ELLE-MEME

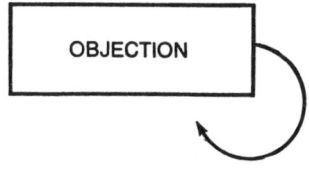

Dans ce cas, comme le dessin ci-contre l'illustre, l'objection est retournée contre elle-même.

« Je n'aime pas vos techniques de P.N.L. car elles ont pour but d'influencer les gens ».

« En utilisant cet argument, vous essayez de m'influencer pour que je sois du même avis que vous ».

« Les techniques de négociation ne sont pas intéressantes car il n'y a absolument aucune étude scientifique qui prouve qu'elles permettent de meilleurs résultats ».

« Y-a-t-il une étude scientifique qui prouve la validité de ce que vous me dîtes là ? ».

En appliquant cette procédure, l'objection s'annule d'elle-même en devenant auto-réflexible.

Pour conclure, nous dirons que ces dix façons d'intervenir sur la construction de la réalité, permettent de dépasser un blocage, une limitation ou de traiter une objection. Elles sont utilisables dans le cadre d'une négociation comme dans d'autres contextes de communication.

L'entraînement à ces dix types d'interventions constitue un excellent « jogging » de l'esprit auquel peut se livrer le lecteur, en mettant à profit les situations de sa vie quotidienne.

Elles lui permettront de développer sa créativité et sa souplesse de réaction en acquérant des modèles multiples de réponses.

CONCLUSION

Dans notre société, la seule constante, c'est le changement. En effet, comme chacun peut directement le constater dans son environnement immédiat, ce qui était vrai, il y a dix ans, ne l'est plus nécessairement aujourd'hui, et ce que l'on sait actuellement sera probablement obsolète à l'aube des années 2000.

En conséquence, une vie professionnelle ne peut plus se fonder sur la seule maîtrise d'un contenu spécifique. Pour *réussir,* nous devons être capables d'apprendre régulièrement des connaissances nouvelles.

Il est donc, plus que jamais, nécessaire de développer deux facultés :

— *apprendre à apprendre*

— *être flexible.*

Apprendre à apprendre est une attitude interne qui repose sur un usage intelligent, actif, systématique des possibilités de notre cerveau et de nos ressources personnelles. Fondée sur la disponibilité, cette connaissance des processus psychiques qui permettent l'acquisition de savoirs nouveaux, ne s'use pas au fil des temps, quelle que soit la variété des données que nous ayons à intégrer.

La flexibilité est l'expression comportementale de cette attitude interne. Elle est la marque de notre aptitude aux changements, de notre pouvoir sur les changements, ceux que nous rencontrons ou que nous suscitons.

Ces deux facultés sont traitées dans ce livre et nous avons présenté certaines des clés pratiques que la P.N.L. propose pour mieux les exercer et les maîtriser. Quiconque leur consacrera le temps nécessaire peut, non seulement espérer mieux s'adapter aux mutations et aux défis de notre époque, mais surtout accueillir ces évolutions et les vivre avec curiosité et intérêt pour en tirer un parti positif.

Enfin, la P.N.L. est porteuse d'une philosophie qui la différencie de ce qui prévalait encore récemment, notamment dans la formation et la psychothérapie. Cette démarche, à laquelle semble adhérer un nombre croissant de professionnels de la communication et du changement, repose sur un constat : Ce n'est pas seulement en creusant et en analysant un problème (celui d'un individu ou d'une organisation) que l'on est assuré d'améliorer la qualité d'une performance.

A cette attitude, fondée sur « la prise de conscience » de l'origine du problème, la P.N.L. en oppose deux autres qui lui semblent plus appropriées, car souvent plus efficaces vis-à-vis du résultat et de la qualité :

— prendre appui sur les ressources personnelles et les compétences disponibles en nous, pour les étendre à bon escient aux domaines où elles font défaut ;

— « copier » les savoir-faire de ceux qui excellent dans leurs actions et apprendre à reproduire leurs performances.

Quand *changer* et *apprendre* ne sont plus synonymes de recherche des défauts, des erreurs et des fautes, mais essentiellement quêtes des richesses, des potentialités et des qualités existantes, alors la démarche qui favorise cette évolution, peut devenir une fantastique opportunité de croissance offerte à l'intelligence humaine.

BIBLIOGRAPHIE

EN FRANÇAIS

BANDLER R., GRINDER J. — *Les secrets de la Communication,* Le Jour Editions, Collection Actualisation, Montréal, 1982.

CAYROL A., DE SAINT PAUL J. — *Derrière la Magie - La P.N.L.,* InterEditions, Paris, 1984.

EN ANGLAIS

BANDLER R., GRINDER J. — *The structure of Magic,* Science and behaviour books, San Francisco, 1975.

BANDLER R., GRINDER J. — *Reframing,* Real people press, San Francisco, 1982.

BANDLER R., GRINDER J. — *Precision,* Real people press, San Francisco, 1981.

GORDON D., LEBEAU M. — *Know how : Guided Programs for Inventing your own best futur,* Edition Futur Pace, San Rafael, 1985.

HALL E.T. — *The dance of life Garden city,* Edition Anchor Press, New York 1983.

KRIEGEL R. and M. — *The Zone C,* Edition Anchor Press, New York.

LABORDE G. — *Influencing with integrity,* Méta Publication, San Francisco, 1979.

LESLIE CAMERON BANDLER — « *Solutions* », Editions Futur Pace, San Rafael, 1985.

NAISBITT J., ABURDENE P. — *Reinventing the corporation,* Edition Warner Books, New York, 1985.

AUTRES

BATESON G. — *Vers une écologie de l'esprit,* T I et T II, Editions du Seuil, Paris, 1977, 1980.

BATESON G. — *La nature de la pensée,* Editions du Seuil, Paris, 1982.

BELLENGER L. — *La négociation,* Collection « Que sais-je ? », P U F, Paris, 1984.

BURKE M. — *Les styles de vie des cadres et des entreprises,* InterEditions, Paris, 1982.

BUZAN T. — *Une tête bien faite,* Les Editions d'Organisation, Paris, 1981.

CHALVIN D. — *Utiliser tout son cerveau*, Editions E S F - Entreprise Moderne d'Edition, Paris, 2ᵉ éd. 1987.

CHALVIN D. — *Faire face aux stress de la vie quotidienne*, Editions E S F - Entreprise Moderne d'Edition, Paris, 2ᵉ éd. 1985.

CHANDEZON G., LANCESTRE A. — *Les techniques de vente*, Collection « Que sais-je ? », P U F, Paris, 1985.

CHANGEUX J.P. — *L'homme neuronal*, Fayard, Collection Le Temps des Sciences, Paris, 1983.

GOFFMAN I. — *La mise en scène de la vie quotidienne*, Edition de Minuit, Paris, 1973.

GOFFMAN I. — *Les rites d'Interactions*, Edition de Minuit, Paris, 1974.

HALL E.T. — *Le langage silencieux*, Mame, Paris, 1973.

HALL E.T. — *La dimension cachée*, Editions du Seuil, Collection « Points », Paris, 1978.

HALL E.T. — *Au-delà la culture*, Editions du Seuil, Paris, 1979.

JAKOBSON R. — *Essais de linguistique générale* - Tome I : Editions de Minuit, Paris, 1963, Tome II : Editions de Minuit, Paris, 1976.

KOSTOIANY F. — *Les gestes* - C.E.P.L. - Retz, Paris, 1976.

LAUNAY R. — *La Négociation*, Editions E S F - Entreprise Moderne d'Edition, Paris, 2ᵉ éd. 1987.

LEMAITRE P. — *Des méthodes efficaces pour étudier les problèmes*, Chotard et Associés, Paris, 1985.

MORRIS D. — *Le zoo humain*, Grasset, Paris, 1970.

PEETERS T., WATERMAN R. — *Le prix de l'excellence*, InterEditions, Paris, 1983.

URY, FISCHER — *Comment réussir une négociation ?*, Editions du Seuil, Paris, 1982.

WATZLAWICK P. — *La réalité de la réalité*, Editions du Seuil, Collection « Points », Paris, 1984.

WATZLAWICK P. — *Une logique de communication*, Editions du Seuil, Collection « Points », Paris, 1979.

WATZLAWICK P. — *Changements : Paradoxes et Psychothérapie*, Editions du Seuil, Paris, 1981.

WATZLAWICK P. — *Le langage du changement*, Editions du Seuil, Paris, 1980.

WATZLAWICK P. — *Faites vous-même votre propre malheur*, Editions du Seuil, Paris, 1985.

• *Adresses utiles :* Institut Français de P.N.L., 15, rue Auguste-Vitré, 75015 Paris - 45 75 30 15.

LEXIQUE

ANCRER : Associer une intervention externe (stimulus) à un comportement ou état interne précis (réponse) de telle sorte qu'il soit possible de reproduire à volonté la même réponse à partir du même stimulus.

AUDITIF : Caractéristique de ce qui se réfère à l'ouïe.

CALIBRATION : Processus qui consiste à fixer, dans la mémoire, des signes externes repérables et à les associer à l'état interne de la personne qui les produit.

CAUSE-EFFET : Forme linguistique reflétant l'établissement d'un lien causal réel ou supposé (X cause Y). Ex. Quand il me regarde comme ça, je me sens bien.

CONDUIRE : Etape de la « synchronisation » qui consiste, pour le communicateur, à modifier son attitude afin de vérifier la qualité du rapport établi : si son interlocuteur modifie dans le même sens son attitude, la synchronisation est jugée bonne.

DESACTIVATION : Processus qui consiste à neutraliser les comportements pénibles liés à des souvenirs d'expériences négatives, en leur opposant l'énergie contenue dans les souvenirs d'expériences positives.

EQUIVALENCE COMPLEXE : Forme linguistique reflétant l'évaluation de deux expériences comme étant équivalentes au niveau de leurs significations. Si l'une est vraie, l'autre aussi, et X prouve Y. Ex. Il m'a offert des fleurs... Il m'aime.

FEED-BACK : Double circuit d'un message émetteur — récepteur — émetteur, avec rétro-action.

FLEXIBILITE : Aptitude à varier ses comportements en fonction de l'objectif fixé et du destinataire. On peut être flexible dans ses perceptions, ses pensées, ses comportements, son langage.

GENERALISATION : Opérer, à partir de quelques éléments communs, l'extension d'une expérience particulière à un ensemble plus large dont cette expérience n'est qu'un élément.

GUSTATIF : Qui se réfère au sens du goût.

KINESTHESIQUE : Qui se réfère aux sensations corporelles, mais aussi aux sentiments et aux émotions.

METAPHORE : Forme de discours imagée qui permet de traduire analogiquement une idée ou une situation par une autre.

OBSERVATION SENSORIELLE : Consiste à recueillir les données objectives que l'on peut Voir, Entendre et Ressentir, en dehors de toutes interprétations subjectives.

OLFACTIF : Qui se réfère à l'odorat.

PREDICATS : En P.N.L., ce sont les mots (noms, verbes, adjectifs) qui traduisent en termes spécifiques, sensoriels, les représentations.

QUADRUPLE : Système de notation de l'expérience sensorielle <VAKO> : V pour Visuel, A pour Auditif, K pour Kinesthésique et O pour Olfactif.

RAPPORT (ETABLIR LE) : C'est mettre en place avec ses interlocuteurs un niveau de relation fondé sur la confiance et la coopération active, même s'il y a désaccord sur le contenu de l'échange.

RECADRER : Intervention qui consiste à modifier une représentation en lui donnant une signification différente de celle qui lui était donnée.

REFORMULATION : Technique qui consiste à renvoyer à celui qui parle le reflet de ce qu'il vient de dire, en s'axant sur la compréhension et la clarification du message émis.

REPRESENTATION : A la fois contenu et forme, c'est l'organisation mentale de la pensée, littéralement, « de ce qui vient à l'esprit de quelqu'un ». La P.N.L. s'intéresse surtout aux formes des représentations.

RESSOURCES : Ensemble des savoir-faire utiles, stockés et conservés dans notre cerveau et dans notre système nerveux.

SYNCHRONISATION : Technique qui consiste à reproduire certains comportements verbaux et non-verbaux des interlocuteurs afin d'établir de façon rapide et efficace le rapport avec eux.

SYSTEME DE CROYANCE : L'ensemble conscient/inconscient de croyances de base, de prémisses, d'axiomes, de préjugés, de valeurs et de modèles propres à une personne. Ces croyances façonnent les pensées, les décisions, les sentiments et les actes de celle-ci. Elles déterminent également son sens de ce qui est réellement important.

SYSTEME DE PERCEPTION : Les cinq sens : vue, ouïe, sensation, goût, odorat.

SYSTEME DE REPRESENTATION : Organisation, dans le cerveau, des informations transmises par les systèmes de perception. Ainsi, nous reconstruisons, dans notre pensée, la réalité externe sous forme d'images (V), de sons (A), de sensations (K), d'odeurs et de goût (O).

FORMATION PERMANENTE EN SCIENCES HUMAINES

Collection fondée par Roger Mucchielli
et dirigée par Lionel Bellenger

Alain CAYROL et Patrick BARRERE

LA PROGRAMMATION NEURO-LINGUISTIQUE (P.N.L.)

*Des techniques nouvelles pour favoriser
l'évolution personnelle et professionnelle*

APPLICATIONS PRATIQUES

6e EDITION

TABLE DES EXERCICES PRATIQUES

EXERCICE 1. — S'entraîner à identifier les prédicats 4

EXERCICE 2. — Percevoir le monde selon le code de la P.N.L. 5

EXERCICE 3. — Le jeu des systèmes de représentation 6

EXERCICE 4. — Mouvements des yeux et systèmes de représentation 7

EXERCICE 5. — Le jeu du rendez-vous 10

EXERCICE 6. — Le recadrage en pratique 11

EXERCICE 7. — Développer l'observation 13

EXERCICE 8. — Une expérience d'ancrage 16

EXERCICE 9. — Mieux utiliser des ressources 17

CORRIGES DES EXERCICES 19

PROGRAMME D'UNE AUTO-FORMATION 25

MODELE DE PROGRAMMATION D'UN SEMINAIRE 27

EXERCICE

S'ENTRAINER A IDENTIFIER LES PREDICATS

Indiquez le système sensoriel auquel correspond le prédicat employé dans les phrases suivantes.

Marquez : V pour Visuel
A pour Auditif
K pour Kinesthésique
O pour Olfactif/Gustatif
N pour Non spécifique

1 — Une perspective nouvelle
2 — Une pilule amère
3 — Une situation harmonieuse
4 — Un caractère doux
5 — Une décision lourde
6 — Un contrat solide
7 — Un savoir nouveau
8 — Une vision lumineuse
9 — Une situation molle
10 — Un type puant
11 — Une pensée différente
12 — Un mot qui résonne

Corrigé page 19

© Alain CAYROL et Patrick BARRERE, **La programmation neuro-linguistique**, ESF éditeur, Paris.

EXERCICE

PERCEVOIR LE MONDE
SELON LE CODE DE LA P.N.L.

Donnez une équivalence pour chacune des phrases ci-dessous en termes V, A, K.

Exemple : je pense à une bonne solution.

V : je vois une bonne option

A : j'ai une solution qui me parle

K : j'ai une solution que je sens solide

1 — Je réalise que votre idée apporte un renouveau :

V

A

K

2 — Je pense que les choses vont s'améliorer :

V

A

K

3 — J'aime considérer les différentes options avant de me décider

V

A

K

4 — C'est un domaine dans lequel il n'est pas raisonnable

V

A

K

5 — Je crois qu'il va changer de position

V

A

K

Corrigé page 19

© Alain CAYROL et Patrick BARRERE, **La programmation neuro-linguistique**, ESF éditeur, Paris.

5

LE JEU DES SYSTEMES DE REPRESENTATION

Dans chacune des phrases suivantes, il y a différents **systèmes de représentation.** Identifiez-les.

1 — Quand je vois ce qui se passe, je trouve ça dur

2 — Son sourire parle

3 — Je me sens à l'aise dans des vêtements de couleur claire

4 — Ce que tu dis fait écho pour moi

5 — Si tu avais vu ce que je lui ai dit, tu comprendrais mieux ce que je sens

6 — J'ai trouvé les décors de cet appartement puants

7 — Son regard me touche

8 — Son contact m'a fait voir les choses d'une autre façon

9 — Je sens bien ce que tu dis

10 — « Quand il me prend dans ses bras, je vois la vie en rose »

Corrigé page 20

© Alain CAYROL et Patrick BARRERE, **La programmation neuro-linguistique,** ESF éditeur, Paris.

MOUVEMENTS DES YEUX
ET SYSTEMES DE REPRESENTATION

EXERCICE A

Notez les systèmes de représentation correspondant aux mouvements des yeux ci-dessous.

EXERCICE B

Dans les exemples ci-dessous, notez la séquence de représentations utilisées, telle qu'elle apparaît dans les mouvements des yeux et, éventuellement, dans le langage.

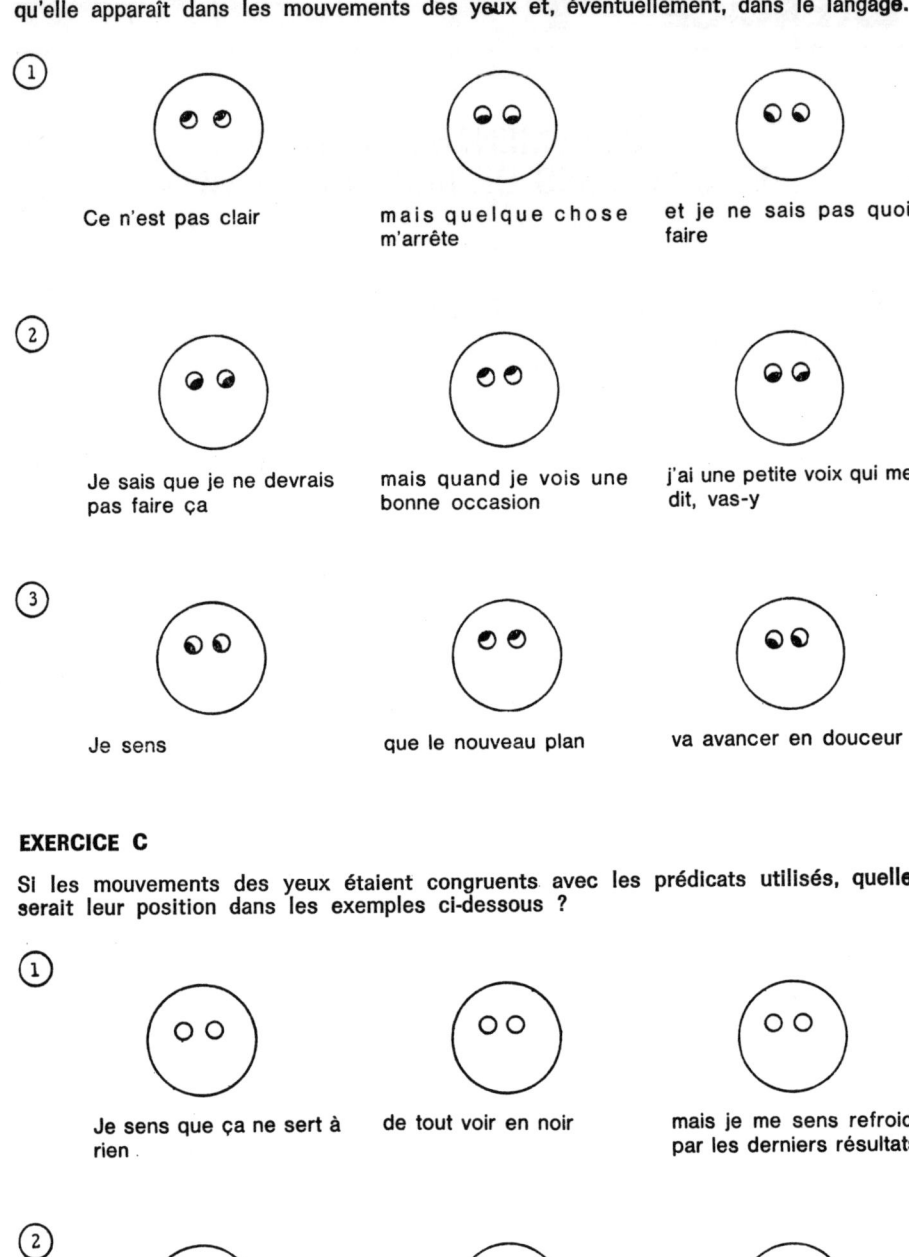

① Ce n'est pas clair   mais quelque chose m'arrête   et je ne sais pas quoi faire

② Je sais que je ne devrais pas faire ça   mais quand je vois une bonne occasion   j'ai une petite voix qui me dit, vas-y

③ Je sens   que le nouveau plan   va avancer en douceur

EXERCICE C

Si les mouvements des yeux étaient congruents avec les prédicats utilisés, quelle serait leur position dans les exemples ci-dessous ?

① Je sens que ça ne sert à rien   de tout voir en noir   mais je me sens refroidi par les derniers résultats

② Ça sonne bien   mais ça ne me dit pas   comment y voir plus clair

8

EXERCICE D

Dans les exemples ci-dessous, système conducteur et système de représentation différent (souvenez-vous que le système conducteur est indiqué par la position des yeux, le système de représentation par les prédicats).

Quels sont les circuits internes utilisés dans chacun de ces cinq exemples ?

Exemple :

Je me sens heureuse

V → K

C'est une notion floue

Quelle idée brillante

C'est une pensée qui me réchauffe

C'est une idée qui me parle

Il y a quelque chose de monotone dans cette situation

Corrigé page 20

9

EXERCICE 5

LE JEU DU RENDEZ-VOUS

Ce jeu de rôles concerne l'application de la P.N.L. au domaine de la négociation.

Le thème :

Vous avez prévu de passer votre soirée au restaurant avec des amis. Les places sont réservées. Le rendez-vous est fixé à 19 h 30. De votre côté tout est prêt.

18 h : Le téléphone sonne. C'est votre directeur, il a besoin de vous pour finir l'étude d'un dossier urgent, qu'il ira négocier demain à la première heure. Il vous demande de passer à son bureau et de lui réserver du temps.

18 h 15 : Vous entrez dans le bureau de votre directeur...

Corrigé page 23

EXERCICE 6

LE RECADRAGE EN PRATIQUE

Pour vous entraîner à la pratique du recadrage, nous vous demandons de trouver au moins trois formulations différentes des propositions suivantes, qui ont toutes une structure spécifique.

Pour cela, vous devez trouver :

1 — La structure :
a) équivalence complexe (Eq C)
b) cause → effet (C → E)
2 — Recadrer

1) Négocier, c'est faire exprimer son idée par l'autre.
1 — Structure
2 — —
    —
    —

2) Lorsque je reçois des critiques, je doute de moi.
1 —
2 —
    —
    —

3) Pour corriger mes erreurs, je dois les comprendre.
1 —
2 —

4) Quand on m'interrompt, je me mets en colère
1 —
2 —
    —
    —

5) Vivre c'est lutter.
1 —
2 —
    —
    —

© 1986, Alain CAYROL et Patrick BARRERE, **La programmation neuro-linguistique**, Ed. E S F , Entreprise Moderne d'Edition et Librairies Techniques, Paris.

6) Comme dans la vie il n'y a que des gagnants ou des perdants, je n'attends rien de vous.

1 —

2 —

  —

  —

7) Diriger, c'est trancher.

1 —

2 —

  —

  —

8) Je ne délègue pas ; comme ça, je suis sûr des résultats.

1 —

2 —

  —

  —

9) Dévoiler ses objectifs, c'est tendre des verges pour se faire battre.

1 —

2 —

  —

  —

10) Quand je suis sincère, je me fais avoir.

1 —

2 —

  —

  —

Corriger page 24

EXERCICE 7

DEVELOPPER L'OBSERVATION

Voici cinq exercices à réaliser, visant tous à développer l'observation sous l'angle de la P.N.L.

A) EXERCICE D'OBSERVATION

Dans vos conversations quotidiennes, consacrez chaque jour un moment à l'observation de l'un des éléments suivants concernant votre interlocuteur.

1) La posture de la personne (bas/haut du corps, angle de la tête, l'ensemble).

2) Les mouvements de son corps (tête, mains et membres supérieurs, pieds et membres inférieurs, torse, l'ensemble).

3) Les petits mouvements des muscles de son visage (ex : angle et tension de la mâchoire inférieure, plissement des yeux, dilatation des narines, etc...).

4) Sa lèvre inférieure (taille, couleur, mouvements, tonus, etc...).

5) La coloration de sa peau (jusqu'à être capable de distinguer huit zones de colorations différentes).

6) Sa respiration (haute, médiane, abdominale) : rythme, intensité, pauses, etc.

Consignes :

— Contentez-vous d'observer, sans tenter d'interpréter ce que vous voyez.

— Pratiquez chaque expérience pendant environ quinze minutes de suite, et consacrez-y au moins deux jours avant de passer à la suivante.

— Effectuez chacune d'elles avec au moins trois personnes différentes.

B) EXERCICE DE CALIBRATION

I — Cette expérience est à effectuer avec un partenaire à qui vous aurez expliqué la procédure de travail et son objectif (développer vos capacités d'observation). Par deux, soit A et B.

1) A sujet pense à une expérience plaisante dans laquelle il s'absorbe intérieurement (images, sons, sensations) sans la raconter. Quand il pense à cette expérience, B observe attentivement (calibre) les éléments externes associés à cette expérience.

2) A pense à une expérience moyennement désagréable pour lui (V.A.K.). Mêmes consignes que pour l'expérience agréable (A ne la raconte pas mais prévient B quand il est dans l'expérience) ; B calibre.

3) A pense à une expérience « neutre » (ni agréable ni désagréable). De nouveau, B observe attentivement les indicateurs externes liés à cette expérience.

Arrivés à ce point, s'il y a plusieurs observateurs, ceux-ci peuvent éventuellement se concerter et se faire part de ce qu'ils ont observé, ceci hors d'écoute de A. S'ils n'ont pas détecté suffisamment d'indications, ils peuvent demander à A de repenser à l'une ou l'autre des situations.

II — A va maintenant repenser successivement à trois de ces expériences dans n'importe quel ordre sans dire à B desquelles il s'agit. Il peut présenter la même plusieurs fois de suite s'il veut.

B « devine » (en s'appuyant sur ses observations antérieures).

A repense à une autre série de trois sans la nommer ; B « devine » de nouveau ; ainsi de suite, cinq ou six fois.

NB. A doit repenser exactement à la même situation chaque fois (même moment de l'expérience, c'est-à-dire mêmes images, sons, sensations).
Si B ne trouve pas deux fois de suite, A refait une série en nommant les expériences pour que B puisse recalibrer.

C) EXPERIENCE DE SYNCHRONISATION ET DE CONDUITE NON-VERBALE

A et B. Soit B l'intervenant.

La tâche de A.

A choisit un sujet de conversation, par exemple l'évocation de ses dernières vacances, qu'il va pendant 15 minutes. B lui donnera la réplique.

La tâche de B.

Tout en conversant avec A, B va synchroniser sur au moins deux paramètres non verbaux choisis parmi les cinq suivants :

Gestes, postures, expressions du visage, ton et rythme de la voix, respiration. Après environ 10 minutes de synchronisation, A va commencer à conduire. Pour cela, il prend l'initiative de varier l'un des paramètres sur lequel il s'est synchronisé. Il va par exemple, changer de posture. Il observe si A suit.

Lorsque cette expérience prend place dans le cadre d'un séminaire de formation, les « A » sortent de la pièce pour ne pas connaître la consigne de synchronisation qui est donnée aux « B ».

Cette consigne est explicitée dans la phase de « debriefing ». Nous vous invitons aussi, bien sûr, à vous entraîner dans votre vie quotidienne en pratiquant des moments de synchronisation avec vos partenaires personnels et professionnels.

D) EXPERIENCE DE SYNCHRONISATION VERBALE

La tâche de A.
Semblable à celle de l'expérience précédente.
A choisit un sujet de conversation, par exemple l'évocation d'une chose particulièrement stimulante ou insolite qu'il a faite ou a envie de faire dans sa vie.
Il en parle pendant 15 minutes. B lui donne la réplique.

La tâche de B.

Tout en parlant à A, B détecte les systèmes de représentation utilisés par celui-ci, en s'aidant de l'écoute des prédicats et de l'observation des mouvements des yeux, et répond à A dans les mêmes systèmes.

Là aussi, les opportunités quotidiennes de conversation constituent un terrain de choix pour cet entraînement.

E) EXPERIENCE DE SYNCHRONISATION VERBALE ET NON-VERBALE

Il s'agit maintenant de jongler avec deux balles en même temps, ainsi que d'expérimenter la différence qualitative que permet la synchronisation.

La tâche de A.

A choisit un sujet de conversation dont il va parler pendant 20 minutes. B lui donnera la réplique.

La tâche de B.

L'expérience va se dérouler en deux temps :

— Pendant la première partie de leur discussion, B ne synchronise pas sur A, soit qu'il se comporte « spontanément », soit même qu'il se désynchronise délibérément en adoptant des attitudes et des systèmes sensoriels différents de A.

— Puis, au bout de 10 minutes, il commence progressivement à se synchroniser sur A, verbalement et non verbalement, ceci jusqu'à la fin de l'expérience.

Lors de la phase d'exploitation de cet exercice, A fait part de la façon dont il a vécu ces 20 minutes, et de l'évolution probable de ce qu'il a expérimenté en cours de conversation.

Nota : Les cinq parties de cet exercice ne peuvent faire l'objet d'un corrigé dans le cadre de ce manuel. On se reportera aux Exposés correspondants de la partie *Connaissance du problème* pour les réaliser.

EXERCICE 8

UNE EXPERIENCE D'ANCRAGE

A) DISPOSER A VOLONTE D'UNE RESSOURCE PERSONNELLE

L'expérience a pour but de vous permettre de disposer plus facilement d'une ressource personnelle. C'est une mise en application pour soi-même de l'ancrage.

L'expérience peut être pratiquée seule. Cette technique est décrite plus en détails dans l'Exposé 3, au paragraphe « Ancrage des ressources ».

1) Choisissez une ressource sur un état interne dont vous voulez disposer plus souvent (par exemple, confiance en soi ou relaxation...).

2) Cherchez dans votre mémoire un souvenir récent ou passé dans lequel vous possédez cette ressource.

3) Faites l'expérience de cette situation comme « si vous y étiez » associé.

Lorsque vous êtes pleinement en contact avec sa dimension kinesthésique, fermez progressivement l'une de vos mains. Plus vous êtes en contact avec l'expérience, plus vous fermez le poing. C'est le poing fermé qui va devenir votre ancrage.

Répétez l'expérience trois fois pour vous assurer de cette connexion.

4) Vérifier que lorsque vous fermez le poing, cela vous aide à expérimenter l'état ressource.

Une ancre ne s'use que si l'on ne s'en sert pas.

Utilisez la vôtre aussi souvent que vous le désirez, vous la renforcerez à chaque fois.

B) ANCRER DE FAÇON INDIRECTE L'ETAT D'UN PARTENAIRE

Le but est de vous apprendre à ancrer un état dans lequel se trouve votre interlocuteur pour pouvoir susciter de nouveau cet état-là chez lui plus tard.

— Réfléchissez à trois situations dans lesquelles il serait intéressant d'ancrer l'état interne de votre interlocuteur.

— Réfléchissez à trois façons visuelles, auditives et kinesthésiques qui vous permettraient de faire cela discrètement (votre posture, vos mouvements, votre ton de voix, en touchant la personne...).

— Mettez-les en pratique.

Quelles sont vos observations ?

Nota : Cet exercice ne comporte pas de corrigé dans le cadre de ce manuel. Se reporter à l'Exposé 3 pour suivre les résultats.

© Alain CAYROL et Patrick BARRERE, **La programmation neuro-linguistique**, ESF éditeur, Paris.

EXERCICE 9

MIEUX UTILISER DES RESSOURCES

A) DEPASSER UNE LIMITATION PERSONNELLE ET PROFESSIONNELLE

Le but de l'expérience est de vous permettre de traiter une situation de limitation personnelle que vous rencontrez dans l'exercice de votre profession ou dans votre façon de communiquer avec certains de vos partenaires relationnels.

Les deux techniques utilisées pour cela font appel aux mécanismes d'ancrage ainsi qu'à l'utilisation des ressources personnelles.

Ces deux techniques présentées ci-dessous sont décrites plus en détails dans l'Exposé 3, « La désactivation d'ancres » et « La dissociation simple ». L'expérience est à vivre par deux.

L'un effectue le travail de changement personnel. L'autre l'accompagne dans les différentes étapes de la technique choisie. Dans chaque expérience, les deux partenaires sont aussi face à face.

Choisissez une situation dans laquelle vous voulez modifier votre comportement et choisissez l'une des deux techniques suivantes pour réaliser ce changement.

B) DESACTIVATION D'ANCRES

1) Identifiez et expérimentez l'état de limitation.

Votre partenaire ancre cet état d'un contact de la main sur votre genou gauche.

Répétez la même procédure trois fois.

2) Identifiez et expérimentez l'état-ressource. Quand vous êtes pleinement en contact avec les émotions et les sensations liées à cette expérience, votre partenaire ancre cet état d'un contact de son autre main sur votre genou droit.

3) Neutralisation du sentiment déplaisant.

Votre partenaire va maintenant stimuler les deux ancres en même temps en maintenant la pression de ses mains pendant au moins trente secondes. La ré-expérimentation simultanée de ces deux expériences antagonistes va neutraliser le sentiment désagréable.

4) Vérification.

Repenser à la situation problématique pour vérifier que vous n'éprouvez plus le sentiment déplaisant. Si vous le retrouvez, ou en partie, répétez de nouveau l'expérience jusqu'à sa disparition.

---

5) Intégration dans le futur.

Projetez-vous mentalement et voyez-vous en train d'agir à l'aise dans la situation en question. Eventuellement, projetez-vous dans deux ou trois situations semblables à venir.

LA DISSOCIATION SIMPLE

C'est une autre technique permettant de traiter le même genre de limitation que la technique précédente.

La technique

1) Identifier la situation à traiter et ce qui la déclenche.

Quel est l'élément externe visuel ou auditif qui déclenche la réaction de malaise ?

Contrairement à la technique précédente, il est inutile de recréer cette expérience, ce qui risquerait de ramener inutilement l'émotion pénible.

2) Identifier et expérimenter un état-ressource.

Installez-vous dans un état interne positif de confiance et de sécurité. Comme dans l'expérience précédente, vous pouvez penser à l'une des situations les plus plaisantes, les plus intenses que vous connaissez, et en faire l'expérience intérieure (comme si vous y étiez), ou préférer expérimenter une situation correspondant à un état de relaxation ou de confiance en soi. Cet état-ressource est ancré par votre partenaire.

3) Revoir la situation perturbante à partir de la position dissociée.

Tout en restant dans l'état-ressource — votre partenaire vous y aide en maintenant l'ancre associée à cet état, par exemple une main sur l'épaule —, imaginez devant vous, là-bas, un écran sur lequel vous allez voir se dérouler le film de la situation que vous êtes en train de traiter. Le point de départ de ce film sera le déclencheur identifié précédemment.

Prenez le temps de voir ce film se dérouler là-bas pendant que vous restez confortablement installé ici dans votre fauteuil.

C'est pendant cette phase qu'opère la désassociation. L'image et son déclencheur sont séparés de l'émotion. La réaction K est décrochée et remplacée par une autre.

4) Vérification.

Repensez à la situation problématique pour vérifier que vous n'éprouvez plus le sentiment déplaisant. Si vous le retrouvez entièrement ou en partie, répétez de nouveau l'expérience jusqu'à sa disparition.

5) Intégration dans le futur.

Il s'agit d'établir un pont dans l'avenir. Pour cela, projetez-vous dans une situation future semblable à celle traitée. Eventuellement, projetez-vous dans deux ou trois situations semblables à venir.

Nota : Cet exercice fournit la marche à suivre, donc le corrigé-guide. S'y reporter après avoir expérimenté les techniques suggérées.

CORRIGÉS
DES EXERCICES

CORRIGÉ DE L'EXERCICE 1

1 — V
2 — O
3 — A
4 — K
5 — K
6 — K
7 — N
8 — V
9 — K
10 — O
11 — N
12 — A

CORRIGÉ DE L'EXERCICE 2

1 — V : je vois que votre idée ouvre des horizons nouveaux
   A : je me dis que votre idée sonne bien
   K : je sens que votre idée est solide

2 — V : je vois que ça va s'éclaircir
   A : je me dis qu'on va réussir à accorder nos violons
   K : je sens que ça va se débloquer

3 — V : je regarde les différentes possibilités avant de me décider
   A : avant de me décider, je considère les différentes options et je choisis celle qui me parle le plus
   K : avant de me décider, j'ai besoin de sentir ce qui me convient le mieux

4 — V : il ne voit vraiment pas clair à ce sujet
   A : il n'entend vraiment rien à la question
   K : il ne sent pas qu'il n'a pas les pieds sur terre dans ce domaine

5 — V : je crois qu'il va voir les choses d'un autre œil
A : je me dis qu'il finira par changer d'avis
K : je sens qu'il sera bientôt en contact avec un autre aspect de la situation

---

CORRIGÉ DE L'EXERCICE 3

1 — V. K
2 — V. A
3 — V. K
4 — A. A
5 — V. A. K.
6 — V. O
7 — V. K
8 — K. V.
9 — K. A.
10 — K. V.

CORRIGÉ DE L'EXERCICE 4

EXERCICE A

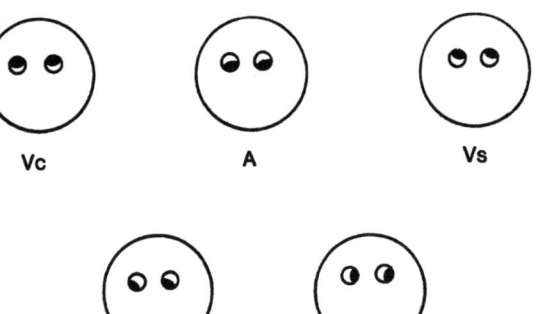

EXERCICE B

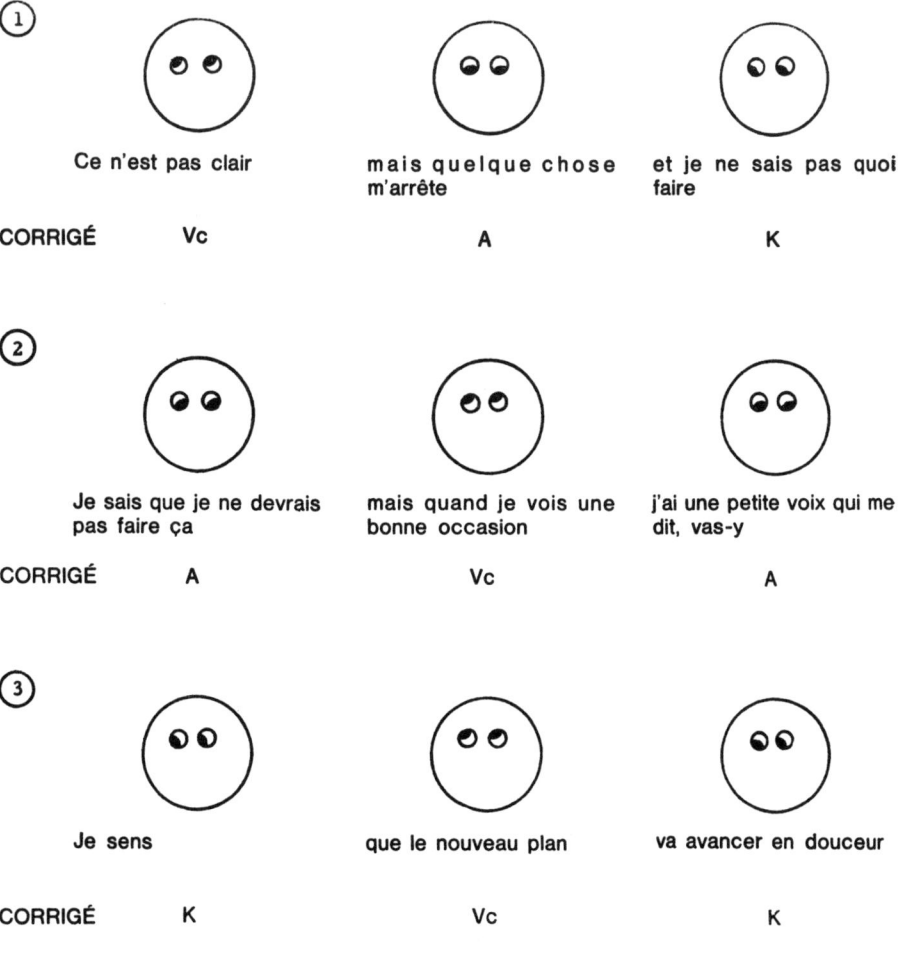

①

Ce n'est pas clair

mais quelque chose m'arrête

et je ne sais pas quoi faire

CORRIGÉ   Vc   A   K

②

Je sais que je ne devrais pas faire ça

mais quand je vois une bonne occasion

j'ai une petite voix qui me dit, vas-y

CORRIGÉ   A   Vc   A

③

Je sens

que le nouveau plan

va avancer en douceur

CORRIGÉ   K   Vc   K

21

EXERCICE C

① Je sens que ça ne sert à rien   de tout voir en noir   mais je me sens refroidi par les derniers résultats

CORRIGÉ

② Ça sonne bien   mais ça ne me dit pas   comment y voir plus clair

CORRIGÉ

EXERCICE D

Je me sens heureuse

V → K

C'est une notion floue

Quelle idée brillante

C'est une pensée qui me
réchauffe

CORRIGÉ   A → V   K → V   A → K

C'est une idée qui me
parle

Il y a quelque chose de
monotone dans cette si-
tuation

CORRIGÉ   V → A   K → A

CORRIGÉ DE L'EXERCICE 5

Nous vous proposons le plan d'une démarche, surtout fondée sur les « objectifs »,
qui pourrait vous permettre de sortir avec élégance de cette difficulté imprévue.

1) Vous préparer

Définir votre objectif.

Par exemple : passer rapidement un accord, avec votre directeur, devant satisfaire
son intérêt (l'entreprise) et le vôtre (votre carrière, votre R.-D.V.).

2) Démarrer l'entretien

Vous — Compte tenu de son caractère imprévu, je souhaiterais que nous puissions
nous mettre d'accord sur le temps que l'on va consacrer à cet entretien...

3) Recherche de l'objectif commun

A — Exposé des contraintes (Etat actuel)
Vous : le Rendez-Vous
Lui : urgence - exigence d'un dossier prêt

23

B — Présentation de la situation souhaitée
Vous et Lui : aller vite et faire bien.

C — Définition de l'objectif commun
Résoudre rapidement et correctement les problèmes à étudier.

4) Question

Quels sont les problèmes et surtout, combien de temps nous faudra-t-il pour atteindre l'objectif commun ?

5) L'accord

Si deux heures de travail intense paraissent satisfaisantes, vous serez disponible à 20 h 30.
Il ne vous reste plus qu'à prévenir ainsi qu'à établir un plan de travail efficace.

CORRIGÉ DE L'EXERCICE 6

1) a — Equivalence complexe
   b — Exemple :
       Négocier, c'est échanger mon idée avec celle de l'autre.

2) a — Cause → effet
   b — Lorsque je reçois des critiques, je vérifie leur fondement

3) a — Equivalence complexe
   b — Pour corriger mes erreurs, je dois savoir précisément à quels résultats je
       dois arriver.

4) a — Cause → effet
   b — Quand on m'interrompt, j'éclate de rire.

5) a — Equivalence complexe
   b — Vivre c'est changer.

6) a — Cause → effet
   b — Comme dans la vie il y a des gagnants ET des perdants, j'attends de vous
       une collaboration gagnant/gagnant.

7) a — Equivalence complexe
   b — Diriger c'est arriver.

8) a — Equivalence complexe
   b — Je ne délègue pas ; comme ça, je suis surchargé de travail.

9) a — Cause → effet
   b — Dévoiler ses objectifs double ses objectifs.

10) a — Cause → effet
    b — Quand je suis sincère, je suis en accord profond avec moi-même et j'incite
        l'autre à en faire autant.

PROGRAMME D'UNE AUTO-FORMATION

Ces propositions pour une démarche d'auto-formation s'inscrivent sur une durée indéterminée. La progressivité des expériences est à évaluer par chacun en fonction des résultats obtenus et de la manière utilisée pour y parvenir.

D'autre part, le champ de l'expérimentation des Techniques P.N.L. est illimité : il concerne la totalité des contacts que chacun peut établir au cours de sa vie quotidienne.

1 Lire le Premier Exposé.

2 Faire les exercices sur les prédicats.

3 Prêter attention au langage sensoriel employé par vos interlocuteurs.

4 Repérer les mouvements des yeux en les associant aux prédicats utilisés. Observez à la Télévision, par exemple, les personnes qui s'expriment lors de débats ou d'interviews.

5 Procéder de la même façon avec les interlocuteurs : observer sans commentaire les liens existants entre mouvements des yeux et prédicats.

6 Au bout de quelques jours, lorsqu'on estime posséder une bonne perception de ces processus, lire le Deuxième Exposé.

7 Pratiquer la synchronisation verbale. Tout d'abord, en associant vos prédicats à ceux de vos interlocuteurs.

8 S'exercer à la synchronisation non-verbale en choisissant des paramètres comportementaux qui vous conviennent.

9 Développer l'observation en pratiquant de manière systématique la calibration.

10 Lorsque vous estimerez avoir une expérience et une compétence satisfaisantes dans la synchronisation et la calibration : commencez à poser quelques ancres positives auprès de votre entourage pour en apprécier les effets.

11 Expérimenter, en situation de recueil d'informations (entretiens, réunions) la pertinence des questions que nous vous conseillons de poser pour avoir une information précise.

12 Lire le Troisième Exposé.

13 En fonction des aptitudes et des situations, adaptez l'apprentissage des techniques de changement aux objectifs de vos interlocuteurs et aux vôtres.

14 Lire le Quatrième Exposé en fonction de vos principales préoccupations professionnelles.

15 Appliquez ces techniques en situation, jusqu'à l'obtention de résultats concrets satisfaisants en les adaptant à votre style.

16 Enfin, pour améliorer votre flexibilité, faites tous les jours au moins une chose que vous n'avez jamais faite.

MODÈLE DE PROGRAMME D'UN SÉMINAIRE
SESSION DE SIX JOURS STRUCTURÉE
EN DEUX PARTIES
DE TROIS JOURNÉES CHACUNE

PREMIERE PARTIE

Premier jour :

9 h 00 : Présentation et formulation des objectifs :
— du stage
— des participants
— de l'animateur.

10 h 00 : Exposé : La P.N.L.
— ses origines
— ses caractéristiques
— son impact
— son projet.

10 h 30 : Pause.

10 h 45 : Exposé : Les structures de la pensée
— système de perceptions
— système de représentations
— les Visuels, les Auditifs et les Kinesthésiques.

12 h 00 : Débat en groupe.

12 h 30 : Repas.

14 h 00 : Exposé : Les indicateurs externes
— les Prédicats.

14 h 30 : Exercice

Par groupe de trois personnes, chaque participant sera, à tour de rôle :

A → Celui qui s'exprime en racontant une histoire vécue, insolite, un souvenir agréable.

B → Le communicateur qui recueille l'information et facilite l'expression de « A ».

C → Celui qui observe, note et classe dans une grille préparée les prédicats sensoriels utilisés par « A ».

15 h 15 : Retour en grand groupe.
Commentaires, synthèse et approfondissement du thème.

15 h 30 : Pause.

15 h 45 : Exercices du livre centrés sur l'identification du thème
— travail individuel
— corrigé en groupe.

16 h 30 : Synthèse de la journée.

17 h 00 : Fin.

Deuxième jour :

9 h 00 : Echanges en groupe selon les réflexions et les questions des participants.

9 h 30 : Exposé : Un autre indicateur externe : les mouvements des yeux.

10 h 00 : Démonstration en groupe conduite par l'animateur.

10 h 30 : Pause.

10 h 45 : Exercice

Par groupe de trois personnes :

A → Trouve les réponses aux questions posées par ses partenaires

B } 1) Questionnent en utilisant des termes sensoriels
  →
C { 2) Observent les mouvements des yeux en les associant aux prédicats.

11 h 30 : Echanges en grand groupe et commentaires sur les expériences vécues en sous-groupes.
Exercices du livre sur les mouvements des yeux.

12 h 30 : Repas.

14 h 00 : Exposé : Les règles de la communication efficace.
Application pratique : concevoir et définir des objectifs précis.
Exercice d'application sur les objectifs des participants.

15 h 30 : Pause.

15 h 45 : Exposé : L'observation, la calibration.
Exercice : Voir livre : exercices de calibration
1 - Démonstration en grand groupe sous la conduite de l'animateur.
2 - Exercice en sous-groupes de trois personnes.

16 h 30 : Retour en grand groupe.
Commentaires - Echanges - Synthèse
• La communication par objectifs
• Voir est peut-être plus important qu'écouter.

17 h 00 : Fin.

Troisième jour :

9 h 00 : Débat autour des questions soulevées par les participants.

9 h 30 : Exposé : La synchronisation.
Questions - Débats.

10 h 30 : Pause.

10 h 45 : Exercice : Voir livre : « Expérience de synchronisation et de conduite non-verbale.
Travail en sous-groupes.

12 h 00 : Commentaires et approfondissements du thème.

12 h 30 : Repas.

14 h 00 : La synchronisation (suite).
Autre exercice : Voir livre : « Expérience de synchronisation verbale et non-verbale ».
Travail en sous-groupes.

15 h 00 : Synthèse des expériences sur la synchronisation.

15 h 30 : Pause.

15 h 45 : Débat en grand groupe sur l'ensemble des Techniques P.N.L. présentées.
— Les applications possibles.
— Propositions d'exercices à expérimenter au cours de l'inter-session.

16 h 30 : Evaluation générale du stage.

17 h 00 : Fin de la première partie.

Nota : De huit jours à un mois peuvent séparer les deux parties de la session.

DEUXIEME PARTIE

Premier jour :

9 h 00 : Bilan de l'inter-session.
• Etude des cas vécus par les participants.
• Récits et analyses des expériences caractéristiques.
Recherches d'options.

10 h 30 : Pause.

10 h 45 : Exercice de synchronisation (entraînement).
Reprise d'un exercice connu qui permet aux participants de mesurer leurs progrès.

12 h 00 : Retour en grand groupe.

12 h 30 : Repas.

14 h 00 : Exposé : L'ancrage.
— Démonstration du processus par l'animateur.
— Questions - débats.

15 h 30 : Pause.

15 h 45 : Exercice.
Travail en petit groupe.
Le communicateur « B » ancre l'état-ressource demandé et revécu « comme s'il y était » par « A ».
« C » observe, note et commente à l'issue de l'exercice.

16 h 30 : Retour en grand groupe.
Synthèse : L'utilisation de l'ancrage dans la vie professionnelle.

17 h 00 : Fin.

Deuxième jour :

9 h 00 : Débat autour des sujets abordés par les stagiaires.
Exposé : Les techniques de changement.
— Les ressources et leur utilisation.
— Le modelage de l'excellence.
— Présentation générale des techniques de changement :
• principes directeurs
• fonctions
• méthodologie
• conditions d'applications.

10 h 30 : Pause.

10 h 45 : Exercice (Voir livre) : La désactivation d'ancres.
Travail en sous-groupes.

12 h 00 : Retour en grand groupe.
Echanges.

12 h 30 : Repas.

14 h 00 : Exposé : L'auto-ancrage.
— Description de la méthode.
— Mise en application par l'animateur qui conduit, en grand groupe, une expérience vécue d'auto-ancrage.

15 h 30 : Pause.

15 h 45 : Exposé : Le générateur de nouveaux comportements.
— Exposé de la technique.
— Exercice : mise en application de la technique par les participants en petits groupes.

16 h 45 : Retour en grand groupe.
Commentaires et synthèse de la journée.

17 h 00 : Fin.

Troisième jour :

9 h 00 : Débat.

9 h 30 : Exposé : Mieux négocier avec la P.N.L.

10 h 30 : Pause.

10 h 45 : Exercices de Négociation enregistrés au magnétoscope.
Analyse de l'utilisation des méthodes apprises et de la pertinence de leur adaptation à la situation de Négociation.

12 h 30 : Repas.

14 h 00 : Exposé : Vendre et Conduire des Réunions.
— Echanges - Débat.
— Jeux de rôles.

15 h 30 : Pause.

15 h 45 : Bilan.
— La P.N.L. et vous.
— Etude de cas apportés par les participants.
— Conseils pratiques.

16 h 30 : Evaluation du stage.

17 h 00 : Fin du stage.